T0267447

Relájate un chingo

DE LA AUTORA DE *ARREGLA TU DESMADRE*

SARAH KNIGHT

Relájate un chingo

**CONTROLA LO QUE PUEDES,
DESPREOCÚPATE POR LO QUE NO
Y APRENDE A PONER LÍMITES SANOS EN TU VIDA**

DIANA

Título original: *Calm the Fuck Down*

Sarah Knight

© 2018, MCSnugz, Inc.

Traducción: Claudia Patricia Pérez Esparza

Esta edición es publicada por acuerdo con Little, Brown and Company, New York, New York, USA.

Derechos reservados

Diseño de portada: Planeta Arte & Diseño / Anilú Zavala
Ilustración de portada: Diego Martínez
Diseño de interiores: Alejandra Romero

© 2023, Editorial Planeta Mexicana, S.A. de C.V.
Bajo el sello editorial DIANA M.R.
Avenida Presidente Masarik núm. 111,
Piso 2, Polanco V Sección, Miguel Hidalgo
C.P. 11560, Ciudad de México
www.planetadelibros.com.mx

Primera edición en formato epub: febrero de 2023
ISBN: 978-607-07-9731-6

Primera edición impresa en México: febrero de 2023
ISBN: 978-607-07-9689-0

Impreso en los talleres de Litográfica Ingramex, S.A. de C.V.
Centeno núm. 162-1, colonia Granjas Esmeralda, Ciudad de México
Impreso y hecho en México – *Printed and made in Mexico*

Índice

Una nota sobre el título 13

Introducción 17
La mierda sucede 19
¿Qué? ¿Preocupado yo? 23
No puedo lidiar con esta mierda (¿o sí?) 27

**I. ENTONCES, ESTÁS TRASTORNADO: reconoce
el verdadero problema y controla tu reacción** 39
¿Cuál parece ser el problema? 42
    Todo es una tarántula. 44
    La evolución de un trastorno 46
Las cuatro caras del trastorno. 49
    Ansiedad, tristeza, enojo y evasión. 51
    Síndrome del aeropuerto mexicano 56

La encuesta dice: todos ustedes son un montón
de trastornados 59
Bienvenido al lado opuesto 59
Caras del trastorno: los lados opuestos 60
Fondos del trastorno 62
Tiempo, energía y dinero 63
Tres formas en las que pensar demasiado
despilfarra tiempo, energía y dinero 66
El cuarto fondo 68
Benevolencia 69
¡Perspectiva interesante, a la orden! 71
El despeje mental y la pregunta única para dominar todas . 73
Desechar y organizar 74
Este es tu cerebro en cachorros 77
Recordatorio rápido 78

II. RELÁJATE UN CHINGO: identifica lo que puedes controlar,
acepta lo que no puedes, y suelta esa mierda 83
Elige una categoría, cualquier categoría 86
¿Puedo obtener una rebaja? 92
Logigatos, ¡vamos! 93
Las tormentas de mierda acumuladas: una lista 94
Diez situaciones «y si» de las que podría o no tener
que preocuparme 94
Diez situaciones «y si» de las que podría o no tener
que preocuparme, clasificadas por probabilidad 97
¿Cuál es tu estado? 103
Más peligroso cuanto más haya 105

Elige o pierde 109

Enciende tu maniático del control 110

Mierda que le preocupa a la gente que sigue
mi cuenta de Twitter. ¿Pueden controlarlo? 115

Si la respuesta es no, así es como lo sueltas. 119

¡Chequeo de realidad, por favor! 120

Seamos realistas 122

Opción 1: tan solo suelta, carajo. 123

Opción 2: desaparece esa mierda 125

Cómo dejar de estar ansioso por algo 126

Muéstrale a la ansiedad el dedo (o los dedos) 127

A bailar con POP 127

Tú de esta noche, conoce al tú de mañana 128

Otras maneras de reducir la ansiedad que no
inventé yo, pero que se sabe que funcionan. 132

Cómo dejar de estar triste por algo 132

La risa es la mejor medicina. 133

Te vas a dar un gusto 133

*Cinco cosas por las que dejé de preocuparme
mientras comía una barra de chocolate
tamaño familiar.* 133

Cómo dejar de estar enojado por algo 134

Ejercítalo 134

Trama tu venganza. 135

*Cinco formas de venganza en las que
es divertido pensar* 135

Cómo dejar de evadir algo 136

Alarmarte 136

Proponer un intercambio 137

Opción secreta C 138

    Preocupación útil, funcional y fructífera (PUFF) 139

Enviar una tormenta de mierda al mar 142

    Houston, tenemos un miedo irracional 147

    Hola, soy Sarah y tengo una enfermedad mental

    (¡Más de una en realidad!) 149

La calma antes de la tormenta de mierda 150

    Diez situaciones «y si» de las que podría o

    no necesitar preocuparme: ¿puedo controlarlas? 151

Hoy leí las noticias, madre mía 159

    Cinco consejos para relajarte un chingo respecto

    al desmoronamiento del mundo 161

    Limita tu exposición 161

    Acto de equilibrio 162

    Repasa 162

    Toma nota 162

    Haz el bien 163

Agita la mierda 164

    Eso no era una pastilla tranquilizante 166

Me encanta que los planes cuajen 168

    Primas categorizadas 169

    ¿Cómo me relajo un chingo? 176

III. LIDIA CON ELLO: ocúpate de lo que
sí puedes **controlar** 177

Cuenta conmigo 181

Los tres principios para lidiar con ello 184

    Haz un balance 186

Situaciones «y si» para bien, en lugar de para mal 188

Identifica tu desenlace ideal realista (DIR) 189

¿Qué es realista? 189

¿Qué es ideal? 190

¿Cómo saberlo? 191

Triaje 191

¡Dóblate! (un principio adicional) 196

¿De quién es la culpa a fin de cuentas? 198

¡Ahí viene! 199

Todo está en tu cabeza 201

Tormentas de mierda totales: un catálogo de terror 203

Mierda relativamente indolora 204

Cinco cosas que podrías hacer accidentalmente
que no son tan malas como no poder enviar
un correo electrónico del trabajo con cco
a más de cien personas 208

Mierda tediosa 209

Si te duermes, pierdes (tu auto) 212

Mierda de veras pesada 217

Volvemos contigo, Bob 232

IV. ELIGE TU PROPIA AVENTURA: cuando la mierda suceda,
¿cómo te relajarás un chingo y lidiarás con ello? . . . 235

Epílogo 303

Agradecimientos 313

Una nota sobre el título

Este es un libro sobre la ansiedad, desde el ruido blanco de las situaciones hasta el candente terror de una crisis en toda regla. Como tal, se te perdonaría pensar que soy la mayor idiota del mundo por haberlo titulado como lo hice, ya que todo el mundo sabe que la primera entrada en una larga lista de cosas inútiles para decirle a una persona que está experimentando ansiedad es «Relájate un chingo».

De hecho, cuando estoy molesta y alguien me dice que me relaje, siento el imperioso deseo de asesinarlo de manera rápida y decisiva. Así que entiendo lo que quieres decir.

Pero este es también un libro sobre problemas —todos los tenemos—, y **relajarte es justo lo que necesitas si quieres *resolver* esos problemas**. Es lo que es. Entonces, si eso te impide querer matar al mensajero, debes saber que en estas páginas estoy diciendo «Relájate un chingo» de la misma manera que dije «Arregla tu desmadre» en el (ejem) *bestseller* del *New*

York Times del mismo título: no para avergonzarte o criticarte, sino para ofrecerte motivación y aliento.

Te prometo que es lo único que busco (y que no soy la pendeja más grande del mundo; ese honor pertenece a quien inventó la vuvuzela).

¿Estamos en paz? Excelente.

Una cosa más antes de sumergirnos en toda esa bondad de la reducción de la ansiedad y la resolución de problemas: **entiendo la diferencia entre *ansiedad*, como enfermedad mental, y *ansiedad*, como estado mental temporal**. Lo entiendo porque sucede que yo misma tengo un diagnóstico de ansiedad generalizada y trastorno de pánico. (¡Se escribe sobre lo que se sabe, amigos!).

Entonces, aunque un libro de autoayuda plagado de groserías no sustituye a la atención médica profesional, si elegiste *Relájate un chingo* porque estás perpetua y clínicamente ansioso como yo, en él encontrarás muchos consejos, trucos y técnicas para ayudarte a manejar esa mierda, lo que te permitirá **pasar a la tarea de resolver los problemas que, para empezar, están alimentando tu ansiedad**.

Pero tal vez no tengas —o no te des cuenta de que tienes, o no estés listo para admitir que tienes— *ansiedad*, la enfermedad mental. Quizá te sientas ansioso por momentos, cuando la situación lo requiere (ver: el terror candente de una crisis en toda regla). ¡No temas! ***Relájate un chingo* te proporcionará bastantes herramientas de gestión de calamidades para esos tiempos estresantes**.

Además, tal vez algunos consejos, trucos y técnicas para que puedas lidiar con eso de lo que no te das cuenta o no estás listo para admitir que tienes.

Solo digo.

Introducción

Me gustaría comenzar con algunas preguntas:

- ✔ ¿Cuántas veces al día te preguntas «y si...»? Como en: *¿Y si pasa X? ¿Y si Y sale mal? ¿Y si Z no resulta como yo quiero / necesito / espero?*

- ✔ ¿Cuánto tiempo pasas preocupándote por algo que ni siquiera ha sucedido todavía? ¿O sobre algo que no solo no ha sucedido, sino que tal vez no sucederá?

- ✔ ¿Y cuántas horas has perdido trastornado por algo que *ya* sucedió (o evadiéndolo, dado que un pánico silencioso infesta tu alma), en lugar de tan solo lidiar con ello?

Está bien ser honesto, no estoy tratando de avergonzarte. De hecho, ¡yo voy primero!

Mis respuestas son: *demasiadas, demasiado y UN MONTÓN*. Supongo que las tuyas son las mismas, porque si tus respuestas fueran: *nunca, nada y CERO*, entonces no tendrías razón alguna para estar leyendo este libro (ni yo, podría agregar, las calificaciones ganadas con tanto esfuerzo para haberlo escrito).

Bueno, vengo para traerte buenas noticias.

Cuando hayamos terminado, la próxima vez que surja una situación «y si» —ya sea que sigan siendo ansiedades hipotéticas o se conviertan en problemas reales y vivos que deben resolverse—, en lugar de preocuparte y meterte de lleno en un ataque de pánico, de llorar todo el día, de golpear una pared o de evadir las cosas hasta que se pongan todavía peor, habrás aprendido a reemplazar la naturaleza abierta de esa pregunta inútil por una que es mucho más **lógica, realista y factible**:

DE ACUERDO, ¿AHORA QUÉ?

Entonces, lidiarás con ello, sea lo que sea.

Pero no nos adelantemos. Por ahora, comencemos con lo básico.

LA MIERDA SUCEDE

Vaya que sucede. Y cuando pienso en toda la mierda que podría o probablemente me pasará un día cualquiera, recuerdo la letra de una canción escrita por un genio musical y *gangsta* espiritual, ya fallecido: el único e inconfundible Prince (q. e. p. d.):

«Queridos amigos, estamos reunidos hoy en este lugar para superar esta cosa llamada vida».

El señor Purple Rain tenía opiniones sospechosas sobre muchas cosas —entre ellas, la religión, las telas de buen gusto y las relaciones apropiadas para su edad—, pero en este asunto dio en el clavo. Cada mañana que nos despertamos y damos bandazos a través de esta bomba de tiempo rotatoria llamada Tierra, nuestro objetivo básico es superar el día. Algunos de nosotros estamos en busca de más, como el éxito, un poco de diversión o una palabra amable de un ser querido. Otros tan solo esperan no ser arrestados por traición (aunque, todos los días, ¡algunos de nosotros esperamos que alguien más sea arrestado por traición!).

Si bien cada ciclo de 24 horas trae consigo la posibilidad de que sucedan cosas buenas —la aprobación de tu préstamo, la propuesta de matrimonio de tu novia, que tus calcetines coincidan—, **también existe el riesgo de que una gran pila de mierda humeante caiga en tu regazo**. Tu casa podría ser embargada, tu novia podría romper contigo, tus calcetines pueden convertirse en receptáculos de lana para el vómito del gato.

Sin mencionar el potencial de terremotos, tornados, golpes militares, accidentes nucleares, la producción mundial de vino cayendo a mínimos históricos y todo tipo de desastres que podrían tener lugar en cualquier momento y joderte en verdad. En particular, lo del vino.

Así es como funciona la vida. Prince lo sabía. Tú lo sabes. Y eso es literalmente lo único que Prince y tú tienen en común.

Así que aquí hay otra pregunta para ti: **cuando la mierda sucede, ¿cómo reaccionas?** ¿Te quedas congelado o te trastornas? ¿Cierras la puerta del baño con seguro y lloras o aúllas al cielo lleno de rabia? En lo personal, soy conocida por fingir que *nada* está pasando, enterrar mi cabeza en una almohada y levantar mi trasero en el aire en un movimiento que llamo «modo avestruz».

Por desgracia, aun cuando estos mecanismos de defensa pueden ser reconfortantes, ninguno es especialmente productivo (y lo digo tras haber inventado uno de ellos). Con el tiempo, tienes que dejar de trastornarte y empezar a lidiar con tu mierda; pero entonces, tremenda sorpresa, resulta que **es difícil tomar decisiones y resolver problemas cuando eres presa del pánico o estás llorando o gritando, o cuando toda la sangre se te ha subido a la cabeza.**

Y por esa razón, lo primero que de verdad necesitas hacer, lo más importante, es **relajarte un chingo.**

¡Sí, tú!¹

---

¹ Si estás teniendo un día maravilloso, el sol brilla, los pájaros cantan y todo marcha de la manera correcta en tu minúscula rebanada de bomba de tiempo

Todos hemos estado allí. Yo tan solo sostengo que la mayoría de nosotros podría aprender a manejarlo un poco mejor. Al respecto: la mayoría de nosotros también tenemos un amigo, familiar o compañero cuya reacción inevitable a cada una de nuestras crisis es: «No te preocupes, todo va a estar bien». O peor aún: «Oh, no es tan malo».

A eso lo llamo mentiras de mierda. Para alguien que no tiene vela en el entierro, es fácil ofrecer trivialidades bien intencionadas. **En este libro, lidiaremos con la realidad, no con la amabilidad.**

La verdad es:

Sí, algunas veces, todo estará bien. Apruebas el examen, el tumor resulta ser benigno, Linda responde tu mensaje.

Pero a veces no será así. Las inversiones salen mal; las amistades se desvanecen; en una elección de consecuencias monumentales millones de personas votan por una uña encarnada en un sombrero rojo barato.

En algunos casos, en verdad no es tan malo y *estás* re-**accionando de manera desmesurada**. Has creado una crisis imaginaria en tu cabeza y permites que eso alimente tu ansiedad como un *mogwai*[2] después del anochecer.

Pero en otros casos, DE VERAS ES MUY MALO, ¿y tú? Tú *apenas si reaccionas*. Eres como esa caricatura del perro

_____

rotatoria, tal vez *no* necesites relajarte un chingo. Felicidades. Sal y disfruta. Las cosas serán una mierda bastante pronto, y yo te estaré esperando.

[2] N. de la T.: los *mogwai* son demonios de la mitología china, popularizados en Occidente gracias a la película *Gremlins*.

que se sienta a una mesa para tomar su café mientras la casa arde en llamas a su alrededor y piensa: *Está bien. Esto está bien.*

Y claro, tu amigo / pariente / compañero tal vez solo esté tratando de ayudarte cuando te dice: «Todo va a estar bien». Pero ya sea que estés convirtiendo un tipi en un Taj Mahal o ignorando un problema durante tanto tiempo que tu casa metafórica termina consumida por el fuego, yo voy a ayudarte. Así es como funciono.

Aquí comienza tu educación para relajarte un chingo:

Lección núm. 1: el mero hecho de creer que las cosas estarán bien o que no están tan mal puede hacerte sentir mejor en el momento, pero eso no resolverá el problema (y, muchas veces, ni siquiera te sientes bien en el momento; más bien sientes como si el Complejo Industrial Feliz fuera condescendiente contigo. No me hagas empezar).

De cualquier manera, ¡no cambia ni una maldita cosa!

Lección núm. 2: cuando la mierda sucede, las circunstancias son las que son: las llantas de tu automóvil se ponchan, el brazo de tu muñeca se rompe, los archivos se borran, los hámsteres mueren. Es posible que te sientas frustrado, ansioso, herido, enojado o triste, pero estás justo ahí, en el centro de todo, y lo único que puedes controlar en esta ecuación es A TI y tu reacción.

Lección núm. 3: para sobrevivir y prosperar en estos momentos, necesitas RECONOCER lo que ha pasado; ACEPTAR las partes que no puedes controlar y OCUPARTE de las que sí puedes.

Sobre esa última, ¿has oído hablar de la *Oración de la serenidad*? Ya sabes, esa que habla de **aceptar las cosas que no puedes cambiar y tener la sabiduría para reconocer la diferencia.** *Relájate un chingo* es, en esencia, la versión larga y blasfema de eso, con diagramas de flujo y esas cosas.

Si te gusta ese tipo de cosas, nos llevaremos bien.

¿QUÉ? ¿PREOCUPADO YO?

Supongo que si acudiste a este libro en busca de orientación, entonces preocuparte por la mierda —ya sea antes o después de que suceda— es un problema para ti. Así que aquí hay una pequeña lección: **«preocuparse» tiene dos significados separados, pero relacionados.** Además del acto de inquietarse ansiosamente por los problemas propios, «preocuparse» también significa juguetear constantemente con algo, frotarlo, abrirlo y empeorarlo.

Es como notar que tu suéter tiene un hilo colgando, tal vez el comienzo de un agujero. Y es natural que quieras jalarlo: te estás familiarizando con el problema, midiendo su impacto potencial. *¿Qué tan mal está? ¿Qué puedo hacer al respecto?*

Pero si sigues tirando —y luego estirando, arrancando y jugueteando en lugar de **hacer algo para arreglarlo**—, de repente ya te llevaste la manga entera; estás trastornado, y tanto tu estado mental como tu suéter están hechos jirones. He visto montones de hilos más pequeños en un café de gatos.

Cuando entras en ese estado mental, no solo estás preocupado *por* algo; en realidad, lo estás preocupando. **Y en ambos sentidos, la preocupación empeora el problema.**

Esta serie de eventos desafortunados se aplica en todos los ámbitos, **desde preocupaciones que provocan una ansiedad de bajo nivel hasta aquellas que preceden a los trastornos más graves**. Algo de esa ansiedad y trastorno está justificado, como: *¿y si mi auto se queda sin gasolina en medio de una oscura carretera del desierto?* Pero algo de eso no lo está, como: *¿y si Linda está enojada conmigo? Sé que vio el mensaje de texto que le envié ayer y no ha respondido. ¿¿¿POR QUÉ NO HAS RESPONDIDO, LINDA???*

Por suerte para ti, voy a mostrarte cómo manejar TODAS tus preocupaciones: **cómo aceptar las que no puedes controlar y cómo actuar de manera productiva en las que sí puedes.**

Lo llamo el **método Sinpreocuparse**. Se basa en el mismo concepto que sustenta todo mi trabajo —**«despeje mental»**— y tiene dos pasos:

Paso 1: Relájate un chingo.

Paso 2: Lidia con ello.

Suena prometedor, ¿no es así?

¿O suena demasiado reduccionista y como si no tuviera posibilidad alguna de ayudarte de ninguna manera? Lo entiendo, pero «demasiado reduccionista, y *aun así*, extremadamente útil» es mi especialidad, así que tal vez puedas seguir otra página o dos antes de tomar la decisión.

Por ahora, volvamos a las preguntas que ya admitiste que no puedes dejar de formularte:

¿Y si pasa X?

¿Y si Y sale mal?

¿Y si Z no resulta como yo quiero / necesito / espero?

La «X» que te preocupa podría ser cualquier cosa, desde tener tu periodo en una primera cita hasta la muerte prematura de un ser querido. «Y» podría ser la defensa de tu tesis o el tren de aterrizaje en tu vuelo de conexión a Milwaukee. «Z» podría ser una entrevista de trabajo, un examen de manejo o la considerable apuesta que hiciste para el nombre del último bebé real. (Es una lástima de 4 000 libras que no hayan elegido Gary, lo sé).

Al final, no importa cuáles sean con exactitud tus situaciones «y si», solo que existen y están ocupando un poco / mucho / demasiado de tu espacio mental en un día determinado, deshaciendo tu suéter metafórico poco a poco. Por lo tanto, te vendría bien tener en cuenta lo siguiente:

Lección núm. 4: es muy poco probable que suceda un montón de esa mierda.

Lección núm. 5: puedes prevenir algunas cosas y mitigar los efectos del resto.

Lección núm. 6: parte de esto está y siempre ha estado completamente fuera de tus manos y encerrado en el puño de acero de Su Majestad, la ex Reina Isabel II. Necesitas aceptar los golpes, aprender la lección y soltar.

Y bueno, no hay juicios. Estoy contigo (de ahí las calificaciones ganadas con tanto esfuerzo por haber escrito este libro).

Durante la mayor parte de mi vida he sido una preocupona sobresaliente. Los «y si» se arremolinan dentro de mi cráneo como pececillos en una juerga de metanfetaminas. Me preocupo por cosas que no han sucedido. Me obsesiono con las que pueden pasar o no. Y, cuando suceden, tengo una capacidad asombrosa para trastornarme.

Pero en los últimos años he encontrado formas de mantener todo esto al mínimo. No estoy completamente libre de preocupaciones, pero me he vuelto menos ansiosa y ya no, digamos, me paralizo por el miedo ni me dejo llevar hasta el borde de la locura por expectativas insatisfechas y un sentimiento de injusticia hirviente. Es una mejora.

Me sorprende lo bien que se siente y lo mucho que he podido lograr con un cambio de mentalidad relativamente simple: **aceptar lo que no puedo controlar**. Esto me permite enfocarme en aquello que *sí* puedo controlar, y me deja mejor preparada para tomar decisiones y resolver problemas tanto en el momento como después de los hechos.

E incluso para evitar que algunos de ellos ocurran. ¡Ingenioso!

He aprendido a dejar de pensar en los desenlaces poco probables en favor de actuar para crear otros más probables. Cómo perseverar hacia delante en lugar de agonizar hacia atrás. Y lo que es más importante: **cómo separar mi ansiedad sobre lo que *podría* ocurrir del acto de manejarlo cuando en efecto *ocurre*.**

Tú también puedes aprender a hacer todo eso. *Relájate un chingo* te ayudará...

Deja de asustarte por la mierda que no puedes controlar.

Y

permítete tomar decisiones racionales.

DE MANERA QUE PUEDAS

resolver problemas en lugar de empeorarlos.

Así es como ese proceso lució para mí durante los últimos años, y es una pequeña muestra de cómo puede funcionar para ti.

NO PUEDO LIDIAR CON ESTA MIERDA (¿O SÍ?)

El comienzo de mi cambio de mentalidad coincidió con un cambio de ubicación, cuando mi esposo y yo nos mudamos del bullicioso Brooklyn, Nueva York, a una tranquila aldea de pescadores en la costa norte de República Dominicana.

Lo sé, cierra la maldita boca, ¿cierto? Pero te juro que esta no es una historia sobre días idílicos, bañados por el sol, llenos de cocos locos y vistas de aguamarina. Esos los disfruto, pero el beneficio principal de vivir aquí es que me ha obligado —o sea, el aguamarina me aplicó el «submarino»— a relajarme.

Durante los 16 años previos en Nueva York, había tenido mucho entre manos: ascendí en el escalafón corporativo; planeé y llevé a cabo una boda; compré bienes raíces, y orquesté la mudanza mencionada a la República Dominicana. Siempre fui buena para hacer y resolver asuntos, sí, pero no para mantenerme especialmente tranquila mientras lo hacía.[3]

Y cuando sucedía algo que alterara el curso de mis expectativas cuidadosamente cultivadas… bueno, ¡olvídalo!

Se podría pensar que una persona altamente organizada, de alto desempeño y de alta funcionalidad debería ser capaz de adaptarse cuando la situación así lo requiriera. Pero en ese entonces yo no podía desviarme del plan sin experimentar un severo trastorno, como cuando un aguacero el día del pícnic para celebrar el trigésimo cumpleaños de mi esposo me llevó a un ataque de *¡adiós, mundo cruel!*

En aquellos días, tenía la tendencia a fundirme más rápido que medio kilo de queso raclette en una pretenciosa velada en Brooklyn… **lo que ocasionaba que toda la mierda que debía hacer fuera mucho más difícil y me provocara más ansiedad de lo necesario**. Dos pasos adelante, uno atrás. Todo. El. Maldito. Tiempo.

---

[3] Donde «no especialmente tranquila» equivale a «una maldita lunática absoluta».

Algo tenía que cambiar, pero no sabía qué, ni cómo hacerlo.

Y eso es lo que nos lleva a esa tranquila aldea de pescadores en la costa norte de República Dominicana. Hace tres años me mudé a un lugar donde lo mejor es abandonar por completo la planificación. Aquí, el clima tropical cambia más rápido que las lealtades de *Las amas de casa reales*;[4] las tiendas cierran por periodos no especificados en días aleatorios de la semana, y el tipo que debe arreglar el techo «mañana»[5] tiene la misma probabilidad de llegar «una semana después de *mañana*», tal vez por las tormentas eléctricas o porque no pudo comprar los materiales que necesitaba en la ferretería que solo abre de vez en cuando, sin ninguna consistencia.

O por ambas causas. O por ninguna. ¿Quién sabe?

El ritmo lento y ameno de la vida caribeña puede parecer bastante seductor cuando has tenido que reportarte enfermo a tu demandante trabajo para yacer tendido en el sofá y darte un atracón de caldo de pollo y programas de diseño de interiores y decoración en la tele... y de muchas maneras lo es; NO ME ESTOY QUEJANDO, pero también puede ser **frustrante para aquellos de nosotros que prosperamos con la confiabilidad y la estructura, o que no manejamos particularmente bien lo inesperado**.

Después de unas semanas de estar en La Española comencé a darme cuenta de que, si me aferraba a mis viejas formas en nuestra nueva vida, terminaría sumida en un pánico perpetuo

---

[4] N. de la T.: *Real Housewives* es un *reality show* estadounidense con franquicias en otros países.

[5] N. de la T.: en español en el original.

por *algo*, porque *nada* va de acuerdo con lo planeado por aquí. Y ESO invalidaría todo el propósito de haber salido de Nueva York, para empezar.

Entonces, para mí, aterrizar en República Dominicana fue una inyección de terapia de exposición con un coctel de coco con ron. Me he visto obligada a relajarme y dejarme llevar por la corriente, lo que ha hecho maravillas con mi actitud y mi suministro de Xanax.

REPITO, NO HAY QUEJAS.

Pero a través de la observación y la práctica, también he determinado que uno no necesita desarraigarse en una isla en medio del Atlántico para relajarse un chingo.

Cualquiera puede hacerlo… incluido tú.

Solo necesitas cambiar tu forma de pensar, como hice yo, para reaccionar ante los problemas de una manera diferente. Al hacerlo, también aprenderás que, **de hecho,** *puedes* **prepararte para lo inesperado**, lo cual ayuda mucho con todo ese asunto de «un paso atrás».

¿Cómo es posible? ¿No te llevaría directo a la locura de una manera totalmente diferente prepararte para cada desenlace potencial?

Bueno, sí. Pero no estoy hablando de asegurar múltiples ubicaciones para la fiesta del trigésimo cumpleaños de tu esposo porque ¿«y si» llueve?; o de preparar tres versiones diferentes de una presentación porque ¿«y si» ese día el cliente parece estar de humor para una gráfica de barras y no para una de pastel?; o de erigir un complicado sistema de fosos alrededor de tu propiedad porque ¿«y si» las juguetonas vacas de tu vecino se sueltan algún día? Eso definitivamente podría llevarte a la locura de una manera diferente. Y quizás a la quiebra.

Me refiero a **prepararte *mentalmente***.

Eso es lo que este libro te ayuda a hacer, de manera que cuando la mierda suceda cuentes con las herramientas para manejarla, **seas quien seas, dondequiera que vivas y cada vez que las cosas se pongan feas.**

(Pssst: eso es lo que en el negocio llamamos «presagiar»).

* * *

Hace unos meses, después de una placentera noche en un bar tiki local, mi esposo y yo llegamos a casa para encontrarnos con una visita inesperada.

Abrí nuestra puerta y avancé lentamente por el camino de losas hacia nuestra terraza (el lugar estaba oscuro, yo estaba un poco ebria), cuando una hoja más grande de lo habitual llamó mi atención. Parecía no tanto que aleteara con la brisa sino... que se escabullía con ella. Un rápido destello de la linterna de mi iPhone confirmó que la presunta hoja de almendro era en realidad una tarántula del tamaño de un melón dulce.

Sip. Te daré un momento para que te recuperes. Dios sabe que yo lo necesité.

Ahora, suponiendo que no hayas arrojado el libro al otro lado de la habitación con repugnancia (o que al menos lo hayas recogido otra vez), ¿puedo continuar?

Habiendo declarado previamente mi intención de QUEMAR TODO si alguna vez veíamos una criatura así en nuestra casa, me enfrenté a un dilema. Para entonces, me había encariñado con mi casa. Y técnicamente, la criatura no estaba *en* ella. Tan solo *cerca* de ella.

¿Qué debía hacer? ¿Permanecer congelada en mi lugar hasta que la cosa regresara a las profundidades incognoscibles de donde había salido? ¿Dormir con un ojo abierto por la eternidad? ¿Pedirle cortésmente a la tarántula que se largara?

Ninguna era una opción realista. Al final resultó que, además de gritarle a mi esposo: «¡Porfavorvenalidiarconlatarántula!», no había mucho que *pudiera* hacer. Vivimos en la jungla, cariño. Y sin importar cuántos agentes inmobiliarios y compañeros expatriados nos hubieran dicho «Esas cosas se quedan en las montañas, nunca verás una», no se podía negar el hecho de que una de siete patas había encontrado su camino hacia nuestra humilde morada a nivel del mar.

(Lo leíste correctamente. A esta damisela le faltaba una de sus extremidades peludas, un hecho que se volverá importante más adelante en esta historia).

Lo que *sí* hicimos fue esto: mi esposo tomó una escoba y la usó para guiar a la visitante no invitada fuera de nuestra propiedad, hacia los arbustos de los vecinos, y yo escapé hacia la casa, murmurando: «Todo es una tarántula» en voz baja hasta que estuve a salvo en el piso superior y lo suficientemente drogada para conciliar el sueño.

No estaba relajada del todo, pero fue un paso en la dirección correcta. Si hubiéramos encontrado una araña como esa en nuestro apartamento de Brooklyn, habría encendido una cerilla en ese mismo momento, pero ahora parecía que todas esas impredecibles lluvias monzónicas y los tan poco fiables tipos que arreglan techos me habían entrenado: ¡espera lo inesperado! ¡Nada sale según lo planeado! ¡¡¡SORPREEEESAAA!!!

A la mañana siguiente nos levantamos temprano para hacer un viaje en barco de todo el día bebiendo ron con unos amigos. (Lo sé, lo sé, cállate la boca). Bajé las escaleras tambaleándome en la neblina previa a las 8:00 a. m., y cuando di la vuelta en el descanso hacia el final de las escaleras, la vi.

Escondida detrás de la cortina que llegaba hasta el piso en la sala de estar, estaba la misma tarántula que previamente había sido espantada a unos treinta metros de su posición actual. Sabía que era la misma, porque solo tenía siete patas. Y para que no creas que me acerqué lo suficiente para contarlas, te recordaré que *esta araña era tan jodidamente grande que no necesitabas acercarte para contar sus patas*. Eso significaba que, durante la noche, había cruzado una extensión de hierba, había subido de regreso a la cubierta, y luego HABÍA SUBIDO OTRA VEZ HASTA LA TERRAZA Y SE HABÍA ESCURRIDO ENTRE LAS GRIETAS DE NUESTRAS PUERTAS CORREDIZAS PARA ENTRAR A LA CASA.

Sé lo que estás pensando. *AQUÍ es cuando quemas todo, ¿verdad?*

Y sí, mi reacción instintiva fue *Yo no puedo lidiar con esta mierda*.

Pero ¿sabes qué? Tras la segunda vista, la tarántula no estaba tan mal. **O más bien, todavía estaba mal, pero yo estaba mejor.**

Por nuestro encuentro de práctica de la noche anterior, sabía que no se movería muy rápido ni haría nada como empezar a gruñirme. Y tuve que admitir que una araña del tamaño de un melón que operaba con una pierna menos era mucho más pequeña y menos ágil que una persona de metro y medio de altura con ambas piernas intactas. (Resulta que la terapia de exposición está clínicamente aprobada por una razón).

Al activar la parte lógica de mi cerebro, pude superar ese instintivo *Yo no puedo lidiar con esta mierda* con un más productivo *De acuerdo, bueno, ¿qué vamos a hacer al respecto? Porque tengo un barco que abordar y grandes cantidades de ron que beber.* Este no era momento para la histeria; **trastornarme no resolvería el problema.**

Recuerda, si lo deseas, mi versión mejorada de la *Oración de la serenidad*:

RECONOCE lo que ha pasado (hay una tarántula en mi casa).

ACEPTA lo que no puedes controlar (¿¡¿las tarántulas pueden entrar a mi casa?!?).

OCÚPATE de lo que *sí* puedes controlar (sacar la tarántula de mi casa).

Oficialmente me relajé un chingo... había llegado el momento de lidiar con ello.

Bueno, era hora de que mi esposo lidiara con eso. Yo ayudé.

Usando una jarra de plástico vacía, una escoba, un trozo de cartón y nervios de acero, atrapó la cosa con ánimo humanitario y la aseguró en la mesa del comedor mientras yo reunía el protector solar, las toallas, las bocinas portátiles y una botella extra de ron Barceló, porque la última vez el capitán del barco había subestimado en sus cálculos y, en serio, ¿quién quiere pasar el rato en una playa desierta con un suministro ilimitado de cocos y un suministro limitado de ron? PUEDES CONTROLAR EL RON.

Luego condujimos kilómetro y medio por la carretera con nuestra nueva amiga Lucky (instalada en su jarra de plástico), soltamos a la araña rebelde en un terreno baldío y abordamos el *SS Mamá necesita un trago*.

* * *

Entonces, ¿qué tienen que ver mi recién descubierta relajación caribeña y mis relatos tarantulianos épicos con reconocer, aceptar y ocuparte de **tus hiperactivos «y si», tus preocupaciones, tu ansiedad y tus trastornos?**

Una pregunta justa.

Además de pasar muchos años como una preocupona profesional, en la actualidad soy una escritora profesional de libros de autoayuda, que incluyen **Arregla tu desmadre** y **You Do You**. Cada uno ha contado aspectos de mi viaje personal para convertirme en una persona más feliz y mentalmente más sana, combinados con consejos prácticos y plagados de groserías sobre cómo lograr lo mismo.

Me llaman **«la antigurú»**. No voy a mentir, es una chamba muy dulce.

Colectivamente, las Guías para mandar todo a la mierda (GMTM) han ayudado a millones de personas a deshacerse de obligaciones onerosas, organizar sus vidas y ser auténticas. Si eres una de esas personas, quiero darte las gracias por permitir esta chamba superdulce. Si eres nuevo en la fiesta: ¡Bienvenido! Y lamento todo ese asunto de las arañas. Sé que fue desagradable, pero las GMTM son así a veces. Te acostumbrarás.

Como sea, me alegro de que estés aquí. Y, aquí entre nos, creo que tienes en tus manos la Guía para mandar todo a la mierda más útil de todas, ya que, como creo que hemos acordado, todo el mundo tiene problemas.

Así es: ¡no puedes ir por la vida sin que una mierda te suceda!

Pero también: ¡HE AQUÍ UN MANUAL PARA APRENDER A AFRONTARLO!

En *Relájate un chingo* aprenderás sobre:

- ✔ Las cuatro caras del trastorno (y sus lados opuestos).
- ✔ Administrar tus recursos del trastorno.
- ✔ Despeje mental.
- ✔ La pregunta única para dominar todas.
- ✔ Cómo ordenar tus problemas por probabilidad y priorizarlos por urgencia.
- ✔ «Prestidigitación de la mente».
- ✔ Modo avestruz y cómo evitarlo.
- ✔ Preocupación útil, funcional y fructífera (PUFF).
- ✔ Los tres principios para lidiar con ello.

✔ Desenlaces ideales realistas (DIR).

✔ Y mucho, mucho más...

Entonces, si eres como yo —si alguna vez pensaste *Yo no puedo lidiar con esta mierda*, o si te estás preguntando: «¿y si?» más de lo que deberías, preocupándote demasiado, trastornándote con demasiada frecuencia y desperdiciando el tiempo y la energía obsesionado con cosas que no puedes controlar—, puedo ayudarte.

Recuerda: no estoy aquí para invalidar o minimizar tu ansiedad o tus problemas. Solo quiero ayudarte a lidiar con ellos, y relajarte un chingo es el primer paso. Y, a lo largo del camino, te juro que nunca te diré «todo va a estar bien» ni promoveré la narrativa de que «no es tan malo».

Lo que sea que esté pasando en tu vida apesta tanto como crees. No hay discusión al respecto.

Pero te diré esto: estoy 100% segura de que, si puedo pasar diez minutos en un auto con una tarántula en mi regazo, **tú también puedes relajarte un chingo y lidiar con tu mierda.**

I

Entonces, estás trastornado

RECONOCE EL VERDADERO PROBLEMA Y CONTROLA TU REACCIÓN

En la primera parte estableceremos algunos parámetros, comenzando con cuáles son exactamente tus problemas y qué variaciones de estragos están causando en tu vida.

¿¿¿Podrías ESTAR más emocionado???

Luego, estudiaremos **la evolución de un trastorno: cómo sucede, cómo se ve y cuánto te cuesta**. Presentaré las **cuatro caras del trastorno y sus lados opuestos**, y te mostraré cómo hacer la transición de uno a otro, incluido un cuento con moraleja sobre el Síndrome del aeropuerto mexicano. Presten atención, «amigos».[6]

A continuación, hablaremos de los **fondos del trastorno (FT)**. Estos son los recursos que tienes a tu disposición para prevenir o combatir un trastorno: **tiempo, energía y dinero**; hacen que el mundo gire, sobre todo cuando la mierda está pasando. Además, está el **cuarto fondo**, que puedes haber estado sobregirando sin saberlo durante demasiado tiempo. Lo abordaremos.

Terminaré la primera parte con la explicación del concepto de **despeje mental** (tanto en general como en lo que se refiere a relajarse); te presentaré la **pregunta única para dominar**

---

[6] N. de la T.: en español en el original.

todas y, por último, te guiaré a través de una técnica que llamo **«jaula para cachorros emocionales»**.

Todo esto puede sonar un poco loco (en particular, la jaula para los cachorros emocionales), pero dale una oportunidad. A mi modo de ver, hay miles de métodos de superación personal en el mercado que venden soluciones mucho más sospechosas para los problemas de la vida. Al menos sé que el material de este libro funciona, porque funciona en MÍ, y además de ser muy lógica y racional, también soy, en ocasiones, una lunática de primera.

Los antigurús ¡son como nosotros!

Ahora, trastornémonos... juntos.

¿CUÁL PARECE SER EL PROBLEMA?

Perdóname por decirlo, pero luces un poco ansioso.

Tal vez se trate de algo pequeño, como terminar hasta la última tarea de tu lista de pendientes o la irritante preocupación de que deberías llamar a tus padres con más frecuencia. Tal vez estés preocupado por algo más grande o más complicado, como si deseas postularte para un posgrado, pero no estás seguro de poder ajustarlo a tu trabajo diurno y a tu presupuesto. La fuente de tu ansiedad puede ser difícil de precisar, o puede ser jodidamente obvia; por ejemplo, si acabas de destrozar tu bicicleta o de descubrir que tu casa fue construida sobre una colonia activa de tuzas.

O, y esto es solo una suposición, ¿tal vez sea todo lo anterior? Sí, eso pensé.

Bueno, prepárate para quedar boquiabierto, porque tengo una noticia para ti: TODO ESTÁ CONECTADO. Sip. Ese zumbido bajo de ansiedad de fondo, tus preocupaciones por la mierda que todavía no ha sucedido y la mierda que ya sucedió, la pequeña y la grande. Todo está relacionado y **todo puede ser atacado con el realismo, el pragmatismo y el pensamiento lógico** que estaré predicando a lo largo de *Relájate un chingo*.

Pero antes de que puedas atacar tu ansiedad al respecto, **debes identificar y aislar el problema subyacente específico**. Uno a la vez, por favor.

Algunas veces resulta más fácil decirlo que hacerlo. Si estamos hablando de una Schwinn destrozada o de una colonia de tuzas, entonces confío en que sepas qué es qué.[7] Pero también puede haber días en los que te **sientas desganado y deprimido sin motivo alguno,** y esos sentimientos te envían dando vueltas en espiral hacia el mal lugar.

No puedo conciliar el sueño por la noche.

Me desperté presa del pánico.

No consigo tranquilizarme.

Estoy tan distraído.

Sin motivo, ¿eh?
FALSO.

---

[7] Las colonias de tuzas son un excelente ejemplo de problema subyacente.

Hay una razón para tu ansiedad, un «y si» detrás de tu preocupación. Y si puedes nombrarlo, estarás en una mucho mejor posición para relajarte un chingo y lidiar con ello.

Por ejemplo:

No puedo conciliar el sueño por la noche porque ¿y si mañana recibo malas noticias del médico?

Me desperté presa del pánico porque ¿y si mi presentación sale mal hoy?

No consigo tranquilizarme porque ¿y si no estudio lo suficiente para aprobar el examen?

Estoy tan distraído porque ¿y si me olvido de hacer todo lo que se supone que debo hacer?

TODO ES UNA TARÁNTULA

Estoy familiarizada con despertarme presa del pánico. También estoy familiarizada con sentirme *desganada* y *deprimida* sin «ninguna razón». Puede caer sobre mí por la mañana, por la noche o incluso a las 4:00 p. m., mi preciada «hora del traguito». Lo comparo con el acecho de una tarántula escondida; sé que hay algo ahí fuera, pero si se niega a mostrar su pequeña carita peluda, ¿cómo se puede esperar que lidie con eso? Cuando me encuentro murmurando en voz alta: «todo es una tarántula» —como lo he hecho desde hace, oh, alrededor de seis meses—, he aprendido a hacer un alto y preguntarme: *no, ¿qué es realmente?* Porque no todo es una tarántula escondida. Todo está ahí fuera, a la vista, con un

---

nombre y una forma propios: *ya es tiempo de publicar mi libro. Mis padres vienen de visita. El techo está goteando. Estoy planeando una fiesta. Tengo jefe nuevo. ¿Pagué la factura del teléfono?* Solo cuando te tomes el tiempo para identificar lo que en verdad está molestándote, podrás comenzar a ocuparte de ello. Y cualquier cosa es mejor que una tarántula, lo que significa que esta técnica funciona en múltiples niveles.

Entonces, ¿qué te dije antes? Primero, debes RECONOCER el problema. **Averigua por qué te sientes de esta manera, a fin de que puedas averiguar *qué hacer* al respecto**. Tú encárgate de hacer esa parte y yo te ayudaré con el resto. Creo que es un intercambio más que justo por unos minutos de introspección de tu parte, ¿no te parece?

Si despertaste presa del pánico esta mañana o te sientes aburrido o deprimido en este mismo instante, tómate diez minutos ahora mismo para darle un nombre a tus tarántulas. No necesitas relajarte ni lidiar con ellas todavía, pero sácalas de las sombras y tráelas a esta página.

(Si no estás experimentando en este momento la ansiedad de «todo es una tarántula», omite esta parte, pero tenla en cuenta para el futuro).

MIS TARÁNTULAS:

_____

_____

_____

_____

_____

A continuación, te mostraré **lo que sucede cuando tus preo-cupaciones y tus «y si» te dejan no solo distraído o inca-paz de conciliar el sueño, sino que te precipitan hacia un trastorno en toda forma.**

Comprender cómo funciona el trastorno te ayudará a com-prender cómo *evitarlo*.

La evolución de un trastorno

Imagina que estás organizando la fiesta de graduación del ba-chillerato de tu hija este fin de semana. Se dirige a la Universidad de Texas; estás muy orgulloso. Ya contaste las invitaciones tres veces y calculaste tus provisiones de acuerdo con ello, pero ¿y si aparecen más personas de las que esperabas?

Comienzas a preocuparte de no contar con la comida y la bebida suficientes para servir a todos tus invitados, además de los inevitables acompañantes, *además* de media docena de adolescentes que, sin duda, aparecerán sin previo aviso y diezmarán los suministros de hot dogs, dejándote con una miserable porción de carne a la parrilla y ensalada de papas demasiado pronto.

Esto es normal. Muéstrame a alguien que haya planeado un gran evento y no haya estado plagado de «y si» y preocupaciones, y yo te mostraré un superhumano que subsiste a base de Klonopin y arrogancia.

Lo que cuenta es lo que haces, o lo que no haces, después.

Podrías salir corriendo, tomar un paquete extra de salchichas y simplemente guardarlo en el congelador si nadie se las come. Cuando actúas, cuando haces un nudo en ese hilo suelto, puedes evitar que esta preocupación destruya tu suéter metafórico.

O, en lugar de reconocer el problema (la potencial escasez de carne), aceptar lo que no puedes controlar (los visitantes no invitados) y ocuparte de lo que sí puedes (cantidad de hot dogs), podrías seguir preocupado.

Digamos que haces eso.

¿Y si las antorchas de citronela no mantienen alejados a los mosquitos como se anuncia? ¿Y si llueve? ¿Y si los portavasos de la Universidad de Texas de novedad que pedí no llegan a tiempo?

Oh, oh. Tu suéter se está deshaciendo un punto del derecho por dos del revés, ¡y esos son solo los «y si» logísticos! No puedes contenerte. Sigues tirando y jalando, y agregando más a la mezcla:

¿y si la gente echa un vistazo a las decoraciones de mi jardín y piensa que me estoy esforzando demasiado? (¿O que no me esforcé lo suficiente?) ¿Y si los vecinos se molestan por todos los autos estacionados en la calle? ¿Y si hacemos todo este trabajo y todo el mundo cancela en el último minuto?

Ahora tu suéter es más un top ombliguero, no puedes detenerte para tomar un *respiro* ni, mucho menos, actuar, y ya no estás simplemente preocupado: oficialmente, estás trastornado.

EVOLUCIÓN DE UN TRASTORNO:

«Y SI»
↓
PREOCUPACIÓN
↓
FALTA DE ACCIÓN
↓
¡TRASTORNO!

Así es como sucede. Y, con el entrenamiento adecuado, deberías poder prevenirlo.

En la segunda parte, por ejemplo, practicaremos la **identificación de lo que puedes controlar** (invertir en algunas latas de repelente de insectos de potencia industrial, una lona y pagar el envío urgente) **y aceptar lo que no puedes** (el desdén de Debbie, tu vecina de al lado, por los arreglos florales de color naranja y blanco; todas las personas a las que invitaste contraen varicela), **de manera que puedas prepararte para algunos desenlaces y dejar de preocuparte por el resto.**

Pero, por el momento, y en aras de una tradicional historia con moraleja, sigamos con los diagnósticos. **Porque ya sea que esté burbujeando o que ya esté hirviendo, es útil saber qué *tipo* de trastorno estás experimentando.**

Todos se ven diferentes, y hay diferentes maneras de desactivar cada uno de ellos.

LAS CUATRO CARAS
DEL TRASTORNO

En mis libros anteriores se me conoce por ofrecer una ordenada taxonomía de los diferentes tipos de lectores que podrían beneficiarse de seguir mi consejo. Hago esto porque me parece que encontrar un perfil un tanto personalizado ayuda a uno a sentirse visto, lo cual es reconfortante cuando uno está a punto de ser golpeado en la cabeza con algunas verdades decididamente incómodas.

Lo que hace que sea desafortunado tanto para ti como para mí que **trastornarse, cómo todo mundo lo hace y por qué** se vea de muchas formas diferentes.

Algunos de nosotros ni parpadeamos cuando nuestras fosas sépticas se llenan, pero hiperventilamos si Starbucks se queda sin croissants de almendras. Otros apelamos a la película *La leyenda del indomable* mientras nuestro automóvil es remolcado por una grúa o los resultados de la prueba son positivos, pero alcanzamos nuestro máximo nivel de alerta personal cuando se pierde la señal del cable durante la transmisión de *America's Next Top Model*.

Además, el **trastorno se manifiesta en diferentes estilos para diferentes personas.** Para algunos, es el semblante boquiabierto y sudoroso por el pánico de una caricatura de *Cathy* de los años ochenta («¡Ay!»); pero para otros, trastornarse se trata más de lágrimas que de temblores. O estados de ánimo oscuros. O miradas en blanco.

Y por si fuera poco, cualquiera de nosotros podría experimentar una forma diferente de trastorno en un día diferente, por una razón diferente.

Por ejemplo, es posible que *tú* no seas un gran llorón bobo como tu amigo Ted, quien se pasa todo el día publicando emojis de «me siento emocional» en Facebook, pero si pierdes tu anillo de bodas o a tu abuela, es probable que te pongas un poco llorón. Y por lo general *yo* no gasto mi aliento gritando y vociferando, pero una vez, en 2001, abrí la puerta del refrigerador contra mi pie y la diatriba llena de baba resultante no fue muy distinta a la participación de Jack Nicholson en el estrado en *Cuestión de honor*.

Como dije, muchas formas diferentes.

Entonces, en lugar de intentar ajustarte a ti como un trastornado individualizado en una pulcra categoría, he clasificado los tipos de trastornos en sí mismos en cuatro grandes y desordenadas categorías, en una o más de las cuales podrías caer en un momento dado:

Ansiedad

Tristeza

Enojo

Evasión (también conocida como «modo avestruz»)

Estas son las cuatro caras del trastorno, las máscaras que usamos cuando nos preocupamos de manera obsesiva, y... *oh, mamá*, se está poniendo difícil respirar en esta sala. Tu trabajo es aprender a reconocerlas, para poder defenderte.

Conoce a tu enemigo y todo eso.

 # ANSIEDAD

Cómo se ve: la ansiedad se presenta de muchas formas, y para los no iniciados a veces puede ser difícil de etiquetar. Por ejemplo, puedes pensar que tienes una ligera intoxicación alimentaria, cuando en realidad tu malestar estomacal se debe a la ansiedad. O puedes creer que *has sido envenenado*, cuando en realidad solo estás teniendo un ataque de pánico a la antigua (he estado allí, lo he pensado). Otros indicadores incluyen, entre otros: síntomas nerviosismo, dolores de cabeza, sofocamiento, dificultad para respirar, mareos, insomnio, indecisión, diarrea y revisar compulsivamente tu correo electrónico para ver si tu editor respondió a esas páginas que enviaste hace apenas una hora.

(Y recuerda, no es necesario que te diagnostiquen un trastorno de ansiedad con A mayúscula para experimentar ansiedad en minúsculas. Muchas personas tranquilas, racionales y casi siempre libres de ansiedad atraviesan episodios ocasionales de ansiedad situacional. Buenos tiempos).

Por qué es malo: además de los síntomas que mencioné anteriormente, uno de los efectos secundarios más tóxicos e insidiosos de la ansiedad es **PENSAR DEMASIADO**. Es como esa mosca doméstica negra y zumbadora que sigue entrando y saliendo de tu línea de visión, y cada vez que crees que la has localizado, cambia de dirección. ¡Arriba en la esquina! ¡No, espera! ¡Allí, junto a la escalera! ¡Oh, oh, demasiado lento! Ahora está flotando a un metro por encima de tu cabeza, vibrando como la manifestación física de tu cerebro a punto de explotar. ¿¿¿DÓNDE QUIERES ESTAR, MOSCA??? DECÍDETE.

Pensar demasiado es la antítesis de la productividad. Quiero decir, ¿alguna vez has visto una mosca aterrizar en algún lugar durante más de tres segundos? ¿Cuánto podrían conseguir en un día determinado?

¿Qué puedes hacer al respecto? Necesitas hacerle un Miyagi a esa mierda. Enfocarte. Un problema a la vez, una *parte* de ese problema a la vez. Y lo más importante: una *solución* a ese problema a la vez. Por fortuna, la segunda parte de este libro contiene muchos consejos prácticos para lograrlo.

Lo que quiero decir es: sigue leyendo.

# TRISTEZA

Cómo se ve: llanto, abatimiento, ropa arrugada, rímel corrido, el olor de la desesperación y respiraciones pesadas y jadeantes. También puede llevar a una condición que llamo autocompasión en las redes sociales, lo cual resulta agotador no solo para ti, sino también para tus amigos y seguidores. Ya basta, Ted. Nadie quiere verte tener un colapso emocional por memes de *Garfield*.

Por qué es malo: escucha, no tengo absolutamente nada contra un buen llanto. ¿Te preocupa que la casa de tu infancia sea arrasada por malvados urbanistas o que tu hámster, Ping-Pong, no salga vivo de la cirugía? Con toda razón, grita. Yo lo hago todo el tiempo. ¡Catarsis!

Solo trata de no, ya sabes, *revolcarte*.

Cuando la preocupación se convierte en regodeo —dejar que la tristeza te domine durante largos periodos—, tienes problemas mayores. La tristeza continua es AGOTADORA. Cuando la energía decae, es posible que dejes de comer o de salir de casa, lo que solo agrava el letargo que te invade. Te volverás cada vez menos productivo. Y todo *eso* puede conducirte a que te sientas deprimido y a que dejes de lidiar con tu mierda por completo.

Pero, para ser claros, estar triste —incluso por un largo, desordenado y deprimente periodo— es una cosa. Tener depresión clínica es otra. Si crees que no solo estás triste, sino que te encuentras por completo entre las garras de la depresión, te invito a que busques ayuda más allá de las páginas de un libro de veinte dólares escrito por una mujer cuyo trabajo literal es idear nuevas formas de incluir la palabra «mierda» en una oración.

Aunque, si le permites a esa mujer ser tan atrevida, la depresión, como la ansiedad, puede ser difícil de detectar cuando eres el detective y tu propia cabeza es el caso. Hazte un favor y escucha a las personas que te rodean cuando te digan: «Oye, no parece que estés simplemente triste, sino atrapado por completo en la depresión. ¿No deberías hablar con un profesional?». Y no te avergüences de ello. Todo tipo de personas, incluso aquellas que tienen una vida objetivamente buena, pueden sufrir depresión. La enfermedad mental es una putada.[8]

Todo esto es para decir que es posible que yo no esté calificada para diagnosticar o tratar la depresión (la enfermedad); pero bajo los auspicios de *Relájate un chingo*, creo que sentirse deprimido (el estado de ánimo) es un blanco legítimo. Y en mi opinión, ese estado está *agotado*.

¿Qué puedes hacer al respecto? Paciencia, mis bellezas. Te ayudaremos a levantarte y salir de la cama más temprano que tarde. Es lo que hubiera querido Ping-Pong.

 **ENOJO**

Cómo se ve: sin tomar en cuenta los dolorosos encuentros con las puertas del refrigerador, no suelo enojarme. Tal vez sea porque mis padres no peleaban frente a mí. Tal vez solo se trate de mi

---

[8] En otras noticias, ¡parece que acabo de encontrar un título para mi próximo libro!

temperamento natural. O tal vez sea porque soy una perra fría como una piedra que evita enojarse y va directo a la venganza. Pero, a pesar de que no grito mucho, no vocifero, no deseo que la gente se contagie de viruela ni prendo fuego a sus preciadas posesiones, eso no significa que no conozca el procedimiento. Aquellos en medio del coraje experimentan efectos secundarios poco saludables, como el aumento de la presión arterial y la temperatura corporal, el deseo de infligir violencia física y las lesiones sufridas al hacerlo, rostros enrojecidos, mandíbulas apretadas y tendones del cuello abultados y nada estéticos.

Pero un resultado invisible —aunque no menos dañino— de un ataque de ira es que impide el buen juicio. **Y ESO HACE QUE LAS COSAS EMPEOREN.**

Por qué es malo: en la era de las cámaras de los teléfonos inteligentes, cada colapso puede significar quince minutos de infamia. ¿Quieres terminar en las noticias de la noche arrojando epítetos lamentables o en Facebook Live destruyendo propiedad federal porque no pudiste calmarte? No, no lo quieres. En relación con esto, te remito a algo conocido en nuestro hogar como síndrome del aeropuerto mexicano.

SÍNDROME DEL AEROPUERTO MEXICANO

Érase una vez que mi esposo y yo regresábamos de unas vacaciones familiares organizadas por un agente de viajes. De alguna manera, cuando los 13 llegamos a nuestro vuelo de conexión en la Ciudad de México, yo no tenía boleto. No me refiero a una asignación de asiento, claro está, sino a un *maldito boleto*. Quién sabe qué había pasado, pero ¿sabes qué no lo soluciona? Ponerte en plena cara de los empleados de la aerolínea que manejan el mostrador de facturación. Mi esposo [dulce, generoso, amable, típicamente muy tranquilo] estuvo a punto de aprender esta lección de la manera más difícil cuando perdió el control con uno de dichos empleados durante unos 3.2 segundos antes de que yo le diera un codazo en las costillas y le comunicara con la mirada: *no quiero pasar detenida toda la noche, o toda la vida, en la Ciudad de México*. Algo que también le salvó el pellejo ese día fue la mamá de Long Island que estaba teniendo el mismo problema y lidiando con este de una manera excepcionalmente peor. ¿Sabes que al día siguiente tenía un Bar Mitzvah muy importante al que debía asistir? Correcto. Yo subí al avión. Ella no.

¿Qué puedes hacer al respecto? Bueno, podrías tomar una clase de manejo de la ira, pero eso no suena muy agradable. Tengo algunas alternativas estimulantes que creo que te van a gustar (en especial, la página 104. Esa es buena).

PD: si soy sincera, tengo curiosidad por saber qué se necesita para activar mi cara de enojo. Han pasado unos buenos 15 años desde el incidente del refrigerador y esta chica es una simple humana.

EVASIÓN
(TAMBIÉN CONOCIDA COMO MODO AVESTRUZ)

Cómo se ve: lo complicado del modo avestruz es que puede que ni siquiera te des cuenta de que lo estás haciendo, porque «hacerlo» es literalmente «no hacer nada». Solo estás ignorando o pasando por alto las advertencias y pretendiendo que la mierda no está sucediendo. ¡Nada que ver por aquí, amigos! Cabeza firme en la arena.

(Por cierto, sé que estos pájaros gigantes no entierran en realidad sus cabezas desproporcionadamente diminutas en la arena para escapar de los depredadores, pero necesito que te relajes un poco cuando se trata de la precisión de mis metáforas; de lo contrario, este libro no será divertido para ninguno de nosotros).

Ahora bien, a veces el modo avestruz permanece solo: si tan solo estás posponiendo una tarea mundana, eso es evasión, pura e inalterada. Otras veces, el modo avestruz es el resultado de *ya* haber sucumbido a la ansiedad, la tristeza o el enojo. En esos momentos, tu cerebro es una olla de langostas hirviendo, y se siente como que si puedes mantener la tapa apretada con la suficiente firmeza, tal vez nunca tengas que enfrentar sus gritos silenciosos. (Esto suele ocurrir cuando me zambullo de cabeza en las almohadas del sofá).

Por qué es malo: en primer lugar, la mierda con la que no se lidia genera *más mierda*. Ignorar una citación del jurado puede resultar en multas, una orden de arresto y un delito menor en tu registro permanente. Fingir que no has desarrollado intolerancia a la lactosa en una etapa avanzada de la vida puede provocarte consecuencias vergonzosas en la cena. Y negarte a atender esa molesta herida que recibiste mientras cortabas tu árbol de Navidad puede significar que pases el Año Nuevo aprendiendo a mover una mano protésica mejor de lo que manejas un hacha.

Y en segundo lugar, aunque reconozco que ignorar de manera deliberada cualquier mierda que pueda estar sucediendo es una forma astuta de evitar tener que reconocerlo, aceptarlo u ocuparte de ello, ¿adivina qué? Si tus preocupaciones te han enviado al modo avestruz, en realidad no has escapado de ellas. Estarán sentadas justo a la salida de tu escondite la próxima vez que levantes la cabeza. (Hola, chicos. *Touché*). Evasión significa NUNCA RESOLVER TU PROBLEMA.

¿Qué puedes hacer al respecto? Gran pregunta. Con solo preguntar, ya estás progresando.

LA ENCUESTA DICE: TODOS USTEDES SON UN MONTÓN DE TRASTORNADOS

Como parte de mi investigación para *Relájate un chingo*, llevé a cabo una encuesta anónima en línea donde pedía a la gente que nombrara su reacción al trastornarse. La encuesta reveló que la mayoría de las personas (38.6%) cae en la categoría «Ansia / pánico»; 10.8% confiesa: «me enojo» y «evado las cosas», y otro 8.3% jura su lealtad a «Triste / deprimido». ¿En cuanto al resto? Casi un tercio de los encuestados (30.3%) dijo: «No puedo elegir solo una. Hago todas estas cosas». Ahí fue cuando supe que este libro sería un éxito. Y solo 1.2% dijo «Nunca hago ninguna de estas cosas». Seguro que no.

BIENVENIDO AL LADO OPUESTO

De acuerdo, estaba guardando el meollo de la cuestión práctica para la segunda parte, pero has sido tan paciente con todos estos parámetros que quiero darte un adelanto de **cómo vamos a cambiar el guion** en cualquier cara de trastorno que estés experimentando.

He basado mi método en una pequeña joya llamada Tercera Ley del Movimiento de Newton, que establece que **«para cada acción, hay una reacción igual y en sentido opuesto»**.

No es necesario que hayas estudiado física en el bachillerato (cosa que yo no hice, como podrá resultar obvio por mi próxima interpretación de esta ley) para comprender la idea de que puedes contrarrestar una cosa mala con una buena. Reír es lo opuesto a llorar. Las respiraciones profundas son lo opuesto a los gritos que vacían los pulmones. El péndulo oscila en ambos sentidos, etcétera, etcétera.

Ergo, una ruta simple para relajarte antes, a la mitad o después del trastorno es, como cantaría Gloria Estefan: **dale la vuelta al ritmo**.

Caras del trastorno: los lados opuestos

¿Ansioso y pensando demasiado?

ENFÓCATE: ¿cuál de estas preocupaciones tiene prioridad? ¿Cuál puedes controlar realmente? Concéntrate en esas y deja las demás a un lado. (Un tema recurrente a lo largo del libro).

¿Triste y agotado?

REPÁRATE CON AUTOCUIDADO: trátate de la misma manera que lo harías con un amigo triste que lo necesita. Sé amable. Siestas, chocolate, baños, cocteles, un maratón de *South Park*; cualquier cosa que alivie tu bajón o te dé impulso en tu paso y una risita en tu contoneo.

¿Enojado y empeorando las cosas?

TRANQUILÍZATE CON PERSPECTIVA: no puedes darte un codazo en las costillas como yo hice con mi esposo en el aeropuerto de la Ciudad de México (en serio, los codos no se doblan en esa dirección). Pero cuando comiences a enfurecer, puedes *imaginar* cómo sería pasar el resto de tus días en la zona de espera de un aeropuerto al sur de la frontera. Visualiza los resultados y ajusta tu actitud en consecuencia.

¿Evasivo y prolongando la agonía?

ACTÚA: da un paso, no importa qué tan pequeño sea, para reconocer tu problema. Dilo en voz alta. Escríbelo con el vapor en el espejo del baño. Dale forma en un muñeco vudú. Si puedes hacer algo como esto, estás en camino de calmarte.

Entonces, ahí lo tienes: **un simple marco para reconocer tus preocupaciones, admitir tus reacciones poco saludables y comenzar a revertirlas.**

Quiero decir que no me convertí en una antigurú de *bestseller* internacional haciendo toda esta mierda *difícil* para ustedes.

FONDOS DEL TRASTORNO

En *La magia de mandarlo todo a la mierda*, presenté el concepto de «Presupuesto de chingaderas», que son los recursos —**tiempo, energía y dinero**— que gastas en todo lo que te importa, desde actividades y citas hasta amigos y familiares, y más. A la inversa, puedes optar por *no* gastar esos recursos en cosas que *no* te importan. Manejarlos se llama hacer un «presupuesto de chingaderas», un concepto que está en camino de convertirse en mi legado más perdurable. Una *limonada* para antigurús, por así decirlo.

Como no arreglas lo que no está roto, mantuve la mierda de plata y el presupuesto correspondiente en mi siguiente libro, *Arregla tu desmadre*; la premisa es que también tienes que destinar tiempo, energía o dinero a cosas que DEBES hacer, incluso si en realidad no QUIERES hacerlas, como, por ejemplo, ir a trabajar para ganar dinero y pagar el alquiler. En el epílogo, advertí (de manera profética, según parece) que **«la vida es un desmadre»** y **«tal vez sería bueno que reserves un poco de tiempo, energía y dinero para esos escenarios, solo por si acaso».**

Por lo tanto, en *Relájate un chingo* —porque no soy más que una creadora de nombres pegadizos para conceptos de sentido común que todos deberíamos emplear, incluso si no tuviéramos nombres pegadizos para ellos— te doy **fondos del trastorno (FT)**.

Esta es la moneda de mierda disponible cuando la mierda sucede. Podrías gastarlos exacerbando todo ese delicioso comportamiento que mencioné en la sección anterior. **O podrías gastarlos relajándote un chingo y lidiando con la mierda que causó semejante alboroto.**

Idealmente, tú ya leíste *Arregla tu desmadre* y has ahorrado para este escenario. De lo contrario, necesitas el siguiente tutorial con mayor razón. Pero, de cualquier forma que lo mires, sus cantidades son limitadas y **cada fondo del trastorno gastado es tiempo, energía o dinero que se deduce de tu día.**

TIEMPO

El tiempo ha sido un suministro limitado desde, bueno, desde el principio de los tiempos. Nadie está haciendo más tiempo. Esto significa que, en algún momento, se te acabará el tiempo para gastarlo haciendo todo... incluido trastornarte o lidiar con lo que está a punto de suceder / está sucediendo / acaba de suceder. ¿Por qué desperdiciarlo en lo primero, cuando gastarlo en lo segundo mejoraría de manera considerable la calidad de todo tu suministro restante de minutos?

ENERGÍA

En algún momento también te quedarás sin energía, porque, aunque Jeff Bezos se está esforzando mucho, todavía
no ha programado a Alexa para que succione tu alma mortal
mientras duermes y te recargue con wifi. En algún momento,
necesitas comer, descansar y renovarte al viejo estilo... y si
la cosa se pone fea, desearás haber gastado menos energía
trastornándote y haber dejado más en el tanque para dedi-
carla a lidiar con ello.

DINERO

Este es más complejo, ya que algunas personas tienen mucho y otras no, y la capacidad de cada uno para reponer sus
arcas varía. Pero si estás quebrado, entonces comprar por
estrés mientras estás trastornado porque debes aprobar el
examen del colegio de abogados es obviamente una mala
práctica. Mientras que, si tienes una cuenta bancaria inaca-
bable, podrías argumentar que limpiar el estante de liqui-
dación de J. Crew al menos está contribuyendo a mejorar tu
estado de ánimo general. No soy quién para burlarme de la
versión de autocuidado de nadie, pero todo ese dinero que
gastaste en shorts caqui y cinturones de mimbre definitivamente no está *resolviendo el problema subyacente* de tu pun-
taje en el examen de admisión para la Facultad de Derecho.

Contratar a un tutor tal vez representaría un mejor uso de los fondos. (Y para todos mis multimillonarios preparacionistas ante el fin del mundo que tienen dinero hasta para quemar: hagan lo suyo, pero tengo la corazonada de que ni sus armas ni sus bitcoins valdrán una mierda en el mercado de acciones zombi).

En resumen: **preocuparte es un desperdicio.** Te cuesta tiempo, energía o dinero y no te da nada útil a cambio. Por el contrario, si gastas tus fondos del trastorno realmente lidiando con algo, entonces, ya sabes, realmente lidiaste con eso.

Mi objetivo es ayudarte a minimizar tus preocupaciones y gastar tus FT sabiamente a lo largo del camino.

Buen intento, Knight. Si pudiera dejar de preocuparme y tener un control firme sobre mi tiempo, energía y dinero, ya sería como Jeff Bezos.

Oye, relájate, dije «minimizar». Personalmente, tengo el récord mundial femenil en preocuparse todos los días por morir de cáncer. Nadie es perfecto. Pero cuando **te preocupas hasta el punto de trastornarte, debes considerar los recursos que estás desperdiciando en esa búsqueda inútil.**

¿Ansioso? Pensar demasiado es gastar demasiado.

¿Triste? Después de haber gastado toda esa energía en llorar, gemir, darte golpes de pecho y alimentar a la bestia depresiva, no te queda nada con qué lidiar.

¿Enojado? Este tal vez sea el mayor mal uso de los fondos del trastorno, ya que por lo general *aumenta* tu deuda. Como cuando te enojas tanto por la cantidad de tiempo que has pasado en espera intentando comunicarte con el servicio de atención al cliente de Home Depot que arrojas tu iPhone contra la pared, rompes la pantalla, abollas el cemento de la pared y cortas la llamada, lo que significa que no resolviste tu problema original (esa fuente para pájaros que compraste y resultó defectuosa), y ya agregaste dos nuevos elementos a tus facturas reales y metafóricas.

> **Tres formas en que pensar demasiado despilfarra tiempo, energía y dinero**
>
> Si te cambias de ropa siete veces antes de salir, llegarás tarde.
>
> Si pasas más tiempo entretenido con las fuentes que escribiendo tu trabajo final, nunca lo entregarás.
>
> Si sigues dudando de él, tu decorador de interiores te despedirá y perderás tu depósito.

¿Modo avestruz? No crean que se están saliendo con la suya. Para nada. Incluso al evadir tu mierda, estás agotando tus FT. Has desperdiciado mucho tiempo valioso —un recurso no renovable que podrías haber destinado a las soluciones—, sin hacer mucho de nada. También has desperdiciado energía contorsionándote para fingir que TODOESTÁBIEN-MUYBIEN.

¿Recuerdas ese perro de caricatura? Ahora es un montón de cenizas de caricatura.

Independientemente del tipo de trastorno que estés experimentando o intentando evadir, **existen formas más inteligentes de utilizar tus fondos**. Por ejemplo:

En lugar de perder TIEMPO preocupándote por reprobar en tu clase de física, podrías gastarlo en bosquejar algunas fichas de estudio cuánticas.

En lugar de desperdiciar ENERGÍA dando vueltas por tu apartamento, preocupado por lo que sucederá cuando tu compañero de cuarto llegue a casa y vea que la perra, Albóndiga, hizo lo que quiso con los Air Jordans favoritos de alguien, podrías gastar esa energía en buscar escuelas de obediencia canina para Albóndiga.

Y en lugar de gastar DINERO en productos curiosos que supuestamente evitarán que te quedes calvo, pero que en realidad no funcionan, podrías comprarte algunos sombreros verdaderamente geniales y convertirte en el tipo del sombrero verdaderamente genial.

Bienvenido al lado opuesto, extraño. Me alegra encontrarte aquí.

(En otras noticias, estoy bastante segura de que al menos para tres lectores y una perra ya ha valido la pena lo que pagaron por este libro).

EL CUARTO FONDO

Curtis Jackson, conocido como 50 Cent, tuvo *La Ley 50*.[9] Yo tengo el cuarto fondo, una rama de la moneda de mierda que desarrollé exclusivamente para *Relájate un chingo*. Justo aquí está el CANDENTE CONTENIDO ORIGINAL, amigos.

Todos tenemos a ese amigo, familiar, compañero de trabajo o voluntario en la cooperativa de alimentos que parece estar en **modo de crisis constante**, ¿no es así? La llamaré Sherry. No hay una cita que no haya dejado plantada a Sherry, un imbécil que no haya golpeado su coche por detrás en el estacionamiento, una fecha límite que no haya sido COMPLETAMENTE ARRUINADA por uno de sus clientes, o una cubeta de composta que no haya sido volcada en su regazo por un drogadicto descuidado que lleva esos horribles zapatos TOMS que hacen que tus pies parezcan restos momificados.

Quieres ser comprensivo cuando Sherry habla de su última catástrofe o se presenta a la reunión matutina toda sudada, parpadeando rápidamente y hablando sin parar sobre una cosa: *¡¿puedes creer la mierda con la que tengo que lidiar?!*

Pero la cosa es que ella hace esto todo el tiempo. Así que también quieres ser como: *¿cuál es tu problema ahora, fenómeno de circo? Solo relájate un chingo y lidia con eso.* (Si no puedes identificarte con este sentimiento en absoluto, eres

---

[9] Título original en inglés: *The 50th Law*, https://www.goodreads.com/book/show/6043946-the-50th-law, y traducido al español como *La Ley 50*. N. de la T.: libro escrito por Curtis Jackson con Robert Greene.

una mejor persona que yo. Disfruta de tu asiento preferencial en el más allá).

Esto nos lleva al **cuarto fondo: benevolencia**.

BENEVOLENCIA

A diferencia del tiempo, la energía y el dinero, la cuenta de la benevolencia no está en tu poder. Es financiada por la empatía y/o la ayuda de *los demás*, y corresponde a ellos distribuirla o retenerla como mejor les parezca. Tu trabajo es mantener tu cuenta con saldo a favor, evitando ser un maldito fenómeno de circo todo el tiempo, como Sherry.

De lo que Sherry no se da cuenta es de **cuánta empatía erosiona cuando lleva sus constantes crisis a la puerta de tu casa**. En algún momento comenzarás a cerrarla en su cara como lo haces con los Testigos de Jehová o los niños pequeños en busca de su pelota.

¿Qué? No deberían haberla pateado hacia mi jardín. Ahora es mi pelota.

Como sea, ahora vamos a darle la vuelta a la situación y digamos que eres tú quien busca la empatía de tu prójimo. Eso es genial. Compadecerse es parte de la naturaleza humana. De la misma manera que conversar sobre el clima, todos lo hacemos: nos quejamos, gemimos, comentamos lo caluroso que ha estado últimamente, como si no todos supiéramos que un verano de 32 °C en Irlanda predeciría la muerte de nuestro planeta.

Cuando te sientes abrumado por la extraordinaria magnitud de tu desgracia personal, es comprensible que busques y te sientas animado por la empatía de los demás.

A veces solo deseas que un amigo esté de acuerdo contigo en que no deberías haber tenido que esperar alrededor de 45 minutos para que apareciera el tipo del cable para enseguida darse cuenta de que no tenía la pieza que necesitaba para conectar tu caja, lo que provocó que te enojaras tanto que te rompiste un diente al morder, completamente frustrado, el bolígrafo de cortesía que te dejó. ¡De qué te va a servir un puto *bolígrafo* cuando lo único que quieres es poder ver Bravo[10] y ahora tendrás que ir al puto *dentista*, lo cual sin duda te va a arruinar otro día entero! O tal vez solo necesitas que alguien, quien sea, sepa que Jeremy, el vicepresidente de marketing asistente, ¡es el peor maldito de todos!

Te escucho (también lo hace todo el mundo en un radio de cinco metros a la redonda. Es posible que desees bajar un poco tu tono). Y cuando tus amigos, familiares y compañeros voluntarios te ven en apuros, su primera reacción tal vez sea empatizar contigo. No estarían trabajando en una cooperativa de alimentos si no fueran socialistas sentimentales.

Pero aquí es donde entra en juego el cuarto fondo: **si tú te alteras *todo* el tiempo, por *todo*, estás gastando demasiado en tu cuenta de benevolencia**. Corres el peligro de sobregirarla más rápido de lo que toma drenar el acuario después de que un niño cae en el tanque de tiburones, lo que resulta en el clásico problema del niño que da falsas alarmas:

---

[10] N. de la T.: canal de televisión por suscripción en Estados Unidos.

Cuando necesites ayuda y empatía por algo digno, es posible que ya no estén allí.

«tararea el tema musical de *Tiburón*»

«busca la salida sola»

¡Perspectiva interesante, a la orden!

Si me permiten ir brevemente por la tangente, tengo una charla real para mis compañeros que sufren Ansiedad-con-A-mayúscula y se encuentran en modo de crisis constante la mayor parte del tiempo.

Debido a mi trastorno de ansiedad generalizada no diagnosticado en ese momento, pasé años agobiando a mis amigos, familiares, colegas y a mi esposo con todos mis misteriosos dolores de estómago, cancelaciones de última hora, llantos en la oficina y una propensión como giros derviches por reorganizar las casas de las personas sin su permiso.

La mayoría de ellos no podía entender por qué estaba trastornada todo el tiempo. Para ellos, la mayoría de mis preocupaciones no parecían dignas de tal caos y locura.

¿Cuál es tu problema ahora, fenómeno de circo? Solo relájate un chingo y lidia con eso. Por Dios.

¿Suena familiar?

Algunas de estas personas comenzaron a retirarse, reteniendo su empatía y apoyo, y no siempre fueron capaces de ocultar su molestia o frustración conmigo. En ese momento, estaba confundida. Un poco dolida. Incluso santurronamente indignada.

Pero hoy, con el beneficio tanto de la retrospectiva como de la intervención terapéutica, ¿sabes qué?

NO LOS CULPO. No es trabajo del resto del mundo lidiar con mi mierda.

¿Esto me convierte en un monstruo? No lo creo. Tal vez una perra contundente, pero eso ya lo sabías.

Como he dicho, sé exactamente lo mucho que la *ansiedad*, la enfermedad mental, puede jodernos; y es maravilloso cuando nuestra familia y amigos pueden aprender sobre ello y ayudarnos a superarlo. Le estaré eternamente agradecida a mi esposo por aguantar algunos años de extrema incomodidad antes de comenzar a comprender y aceptar mi ansiedad. Todavía es desagradable a veces, pero al menos él sabe que **ahora *yo* sé cuál es el problema subyacente** y que estoy tratando de mantenerlo bajo control, lo que deposita mucha más benevolencia en mi cuenta que cuando pasaba la mayor parte del tiempo durmiendo y llorando, sin hacer nada para cambiar mi situación.

Entonces, si puedo hacer un argumento potencialmente controvertido:

A algunos de nosotros nos tocó una peor mano que a otros y merecemos un poco de protección contra sobregiros, pero el Banco de Benevolencia no debería extender el crédito de por vida solo porque *tú* tienes algunos problemas que resolver.

Si no pasa un día en el que no te pongas la cara de ansioso / triste / enojado / modo avestruz —y, en consecuencia, estés enfadando a otras personas con tus problemas—, entonces tal vez sea el momento de considerar que tú-eres-parte-de-tu-problema.

¿Estoy siendo ruda? Tal vez, pero me pagan por decir las cosas como son. Y al igual que las Sherrys del mundo, **creo que nosotros, las personas clínicamente ansiosas, debemos asumir alguna responsabilidad personal**. Necesitamos reconocer nuestras tendencias, hacer un examen de conciencia y tal vez acudir con un médico, terapeuta o sanador de Reiki o hacer algo para resolver nuestra mierda, para que no corramos el riesgo de alienar todo nuestro sistema de apoyo.

Para decirlo de otra manera: si tuvieras diarrea crónica, estarías buscando formas de dejar de tener diarrea crónica, ¿verdad? ¿Y si estuvieras afectando tus relaciones porque no puedes ir a fiestas o siempre cancelas tus citas en el último minuto o cuando *estabas* en las casas de otras personas te encontrabas tan distraído por tu propia mierda (literalmente) que no eras una muy buena compañía de cualquier manera? No querrías seguir cagando sobre tus amigos (en sentido figurado), ¿verdad?

Ya me lo imaginaba. Sigamos adelante.

EL DESPEJE MENTAL Y LA PREGUNTA ÚNICA PARA DOMINAR TODAS

Vamos a llegar al último de los hechos básicos aquí, en la primera parte. Hemos repasado **la importancia de nombrar tus**

problemas, comprender tu reacción a esos problemas y valorar tu respuesta. Es hora de pasar a *cómo*, exactamente, se supone que debes poner en práctica todas esas lecciones y comenzar a relajarte un chingo.

Les presento: **el despeje mental.**

Si has leído alguna de las GMIM o viste mi presentación en TEDx, ya estás familiarizado con el concepto, así que intentaré explicarlo de manera muy sucinta a los principiantes para que el resto de ustedes no vaya a Amazon a quejarse de que «Knight se repite».[II]

Así es como funciona:

Al igual que el despeje físico, popularizado en los últimos años por la experta japonesa en limpieza y autora de *La magia del orden*, Marie Kondo, el **despeje mental** (popularizado por la antigurú, en ocasiones parodista y autora de *La magia de mandar todo a la chingada*, Sarah Knight) tiene dos pasos:

Desechar y organizar

La diferencia es que mi versión de desechar y organizar tiene lugar por completo en tu mente, no en tus cajones, armarios o garaje.

No hay ningún esfuerzo físico involucrado. No me sorprenderás cantando, murmurando *ohm*, o persiguiendo cuesta abajo mi camino a través de esta mierda. Eres libre de participar en esas actividades si así lo deseas, ya sea para relajarte o simplemente

---

[II] Es una serie, chicos. Denle un respiro a esta perra.

para ligar con madres solteras agradables llamadas Beth en YMCA. Pero no es obligatorio.

(¿Acaso el despeje mental te dejará sintiéndote físicamente renovado? ¡Seguro que sí! Después de todo, menos ataques de pánico y explosiones de enojo son buenos para tu corazón, tus pulmones y los diminutos huesos de tus pies que tienden a romperse cuando pateas esas cosas que no están destinadas a ser pateadas. Pero ese no es el enfoque principal, solo un vistoso subproducto).

No es en absoluto coincidencia que los dos pasos del despeje mental se alineen con los dos pasos del método Nomearrepiento.

Paso 1: DESECHA tus preocupaciones (también conocido como relájate un chingo).

Paso 2: ORGANIZA tu respuesta a lo que queda (también conocido como lidiar con ello).

Eso es todo. Desechar, luego organizar. Y la forma en que comienzas es observando cualquier problema que te preocupe y haciéndote una pregunta muy simple.

LA PREGUNTA ÚNICA PARA DOMINAR TODAS

¿Puedo controlarlo?

Esta indagación conforma cada pizca de consejo que daré durante el resto del libro. De la misma manera en que Marie Kondo te pide que decidas si una posesión material te trae alegría antes de desecharla, o como yo te pido que decidas si algo te molesta antes de que dejes de preocuparte, preguntarte: «¿Puedo controlarlo?» es el estándar por el cual medirás si algo vale tus preocupaciones y qué puedes hacer al respecto, en el caso de que puedas hacer algo.

El despeje mental y la pregunta única para dominar todas en verdad brillan en la segunda parte; pero, antes de llegar allí, tengo un último parámetro que quiero establecer, que es este: cuando los «y si» se convierten en preocupaciones y las preocupaciones se convierten en trastornos y los trastornos hacen que todo sea más difícil y más miserable de lo que nunca tendría que haber sido, **una de las cosas que puedes controlar de inmediato es tu *respuesta emocional*.**

Con eso, le daré el turno al mejor amigo del hombre... que en ocasiones también es el peor enemigo del hombre.

(Por favor, no le digas a John Wick que dije eso).

ESTE ES TU CEREBRO
EN CACHORROS

Las emociones son como cachorros. A veces son puramente diversión y entretenimiento; a veces son reconfortantes o te distraen; a veces simplemente orinan en la alfombra de tu suegra y ya no se les permite entrar en la casa.

En cualquier caso, **los cachorros son buenos por periodos cortos, hasta que tienes que lograr algo**, y entonces necesitas convencerlos de que se queden en una agradable y cómoda jaula porque no puedes —repito: NO PUEDES— lidiar con tu mierda mientras esos pequeños cabrones están sueltos.[12]

Ni siquiera importa si estos son cachorros / emociones «malos» o cachorros / emociones «buenos». TODOS los cachorros / emociones distraen. Está en su naturaleza. Las emociones positivas pueden descarrilarte por completo, por ejemplo; si estás tan emocionado por que la McRib haya regresado que te encaminas directo al autoservicio y olvidas que te tocaba recoger a tu hijo en el preescolar. ¡Ups!

Pero creo que tú y yo sabemos que la felicidad y la emoción de hacer el amor digestivo con media costilla en un bollo no son las emociones que *Relájate un chingo* te ayudará a acorralar.

Lo que estamos tratando de hacer es tomar los cachorros / emociones que te llevan al trastorno y:

---

[12] Por favor, no me escriban un correo electrónico sobre los perjuicios de entrenar a tu perro metido en una jaula. Por favor. Estoy aquí sentada rogándote.

Concederles un periodo de visitas razonable para que reconozcas de manera saludable su existencia.

Darles la oportunidad de agotarse solos con un breve estallido de actividad.

Y luego exiliarlos mientras nos ponemos a trabajar en resolver los problemas que los sacaron a jugar, para empezar.

RECORDATORIO RÁPIDO

Hola, soy yo, ¡no una médica ni una psicóloga! ¡Tampoco soy una terapeuta conductual! Honestamente, ni siquiera puedes confiar en que yo beba ocho vasos de agua al día y, además, considero los Doritos como un alimento para la salud mental. Lo que sí tengo es la capacidad aprendida de relegar las emociones a la banca según sea necesario, de manera que pueda enfocarme en soluciones lógicas. Esto es lo mío; es lo que funciona para mí y es por eso que he escrito cuatro Guías para mandar todo a la chingada y no el *Almanaque de hablemos todos sobre nuestros sentimientos*. Si eres médico, psicólogo o terapeuta y no apruebas dejar las emociones en la banca para relajarte un chingo y lidiar con la mierda, en primer lugar, gracias por leer mi libro. Aprecio el trabajo que haces, respeto tu plan y espero que mi rutina de piso de advertencias de nivel olímpico deje en claro que estoy presentando sugerencias bien intencionadas y empíricamente probadas, no hechos médicos. Si pudieras tener esto en cuenta antes de hacer clic en el botón de una estrella, te lo agradecería mucho.

Muy bien, solo para asegurarme de que todos estamos en la misma página emocionalmente saludable, déjame ser muy clara:

✔ **Está bien tener emociones**. O como podría decirlo otro gurú: «¡*Tú* tienes emociones! ¡Y *tú* tienes emociones! ¡Y *tú* tienes emociones!». Tenerlas no es el problema; es cuando dejas que las emociones corran desenfrenadas *a expensas de saltar a la acción* que comienzas a tener problemas (ver: La evolución de un trastorno).

✔ **De hecho, hay muchas investigaciones científicas que afirman que debes permitirte «sentir los sentimientos» sobre las cosas malas... que tienes que *atravesarlos* para *superarlos*.** Esto es especialmente cierto cuando se trata de un trauma, y no te recomiendo que trates esos problemas / emociones a la ligera (ver: Yo no soy médica).

✔ **Está bien incluso trastornarte un poco.** Gritar y dar alaridos y entrar en modo avestruz de vez en cuando. La meta no es ser una «cáscara de ojos vacíos sin emociones». Eso es el preludio de una ola de asesinatos en marcha, ahí mismo, y no es un desenlace que yo quisiera promover entre mis lectores.

Dicho esto —y en mi opinión decididamente no científica—, cuando tus cachorros están corriendo desbocados y causando estragos, es hora de encerrarlos en la jaula y perder la llave, al menos por un tiempo. Lo que en adelante llamaré **jaula de**

cachorros emocionales me ha resultado útil en los siguientes escenarios:

> Así es como seguí disfrutando de la recepción de mi boda después de que la cola de mi vestido se incendiara, en lugar de lanzarme en un ataque de champaña contra la culpable. ¡Te amo, mamá!
>
> Así fue como me las arreglé para escribir y pronunciar un panegírico en el funeral de mi tío, en lugar de quedar incapacitada por el dolor.
>
> Así fue como decidimos llamar a una línea de emergencia de plomería a las 2:00 a. m., cuando el escusado del vecino del piso de arriba se desbordó como las Cataratas del Niágara sobre nuestro baño, en lugar de sucumbir a la desesperación (y al sueño) y hacer que todo fuera peor —y más mojado— para nosotros al siguiente día.

Primero, reconozco la emoción —ya sea ansiedad, enojo, tristeza o una de sus muchas afluentes, como el miedo, por ejemplo— y entonces, mentalmente, la tomo del pescuezo y la pongo en cuarentena en una parte diferente de mi cerebro de aquella que necesito para lidiar con el problema en cuestión. Si practicas el *mindfulness*, es posible que conozcas este truco como «mente de teflón», llamado así porque no se permite que los pensamientos negativos permanezcan. Creo que la analogía del cachorro es más atractiva que la imagen de un sartén de veinte centímetros en cualquier lugar cerca de mi cráneo, pero al final solo es cuestión de términos.

¿Tengo éxito en todo momento? ¡Por supuesto que no! Además de no ser médica, tampoco soy una diosa todopoderosa (ni una mentirosa). No siempre es posible enjaular a un cachorro emocional, e incluso cuando lo es, requiere práctica y esfuerzo concertado. Al igual que meter un paquete de diez kilos de músculo y babas en una jaula de cinco por cinco, si no ajustas la cerradura con la suficiente firmeza, tus cachorros podrían escapar y correr alrededor de tu sala mental de manera potencialmente destructiva / agotadora, arañando pisos mentales, masticando muebles mentales y distrayéndote aún más de relajarte un chingo y lidiar con tu mierda.

¿Quién soltó a los perros? Tú. Tú los dejaste salir.

Está bien. **Siempre puedes forcejear o conducirlos con gentileza o incluso engañarlos para que regresen**; exploraré y explicaré todas las tácticas en la segunda parte. Como dije, *práctica*. Pero vale la pena.

Y no lo olvides: de la misma manera que puedes encerrar a esos bribones, también puedes dejarlos salir cuando lo desees.

Siempre que sea necesario.

Siempre que sus preciosas caras de cachorrito te hagan sentir *mejor*, no peor.

No es como si hubieras enviado tus emociones a vivir con una pareja de ancianos en una bonita granja al norte del estado. Tan solo están pasando el tiempo en su jaula hasta el momento en que una vez más sean invitadas a vagar libremente. Cuando llegue ese momento, adelante, abre la puerta. Déjalas retozar y entretenerte por un rato, distraerte de tus aflicciones, acariciar tu cara, lamer los dedos de tus pies. Como sea, ni siquiera tengo un perro, solo estoy dando sugerencias aquí.

Pero ¡oh, oye! Una vez que hayas tenido tu momento de cachorros emocionales, regrésalos a la jaula.

Ahora sé un buen chico y vamos a relajarnos un chingo.

II

Relájate un chingo

IDENTIFICA LO QUE PUEDES CONTROLAR,
ACEPTA LO QUE NO PUEDES,
Y SUELTA ESA MIERDA

Si la primera parte trataba sobre parámetros, la segunda trata sobre la aplicación práctica: **los *cómos* para convertir los «*y si*» en los «*ahora qué*»,** por así decirlo.

Para facilitarte la entrada, me voy a centrar principalmente en la **mierda que todavía no ha sucedido,** los aún hipotéticos «y si», el tipo de cosas que te preocupan, sea probable que sucedan o no. Te ayudaré a determinar si esas preocupaciones están justificadas y, de ser así, **cómo prepararte y mitigar el daño potencial** en caso de que los problemas que se derivan de ahí lleguen a materializarse.

Y, en algunos casos, **cómo evitar que ocurran esos problemas.**

Comenzaremos **clasificando tus situaciones «y si» por categoría**, de la misma manera en que el Servicio Meteorológico Nacional clasifica los huracanes. Salvo que en tu caso no estamos lidiando con huracanes, sino con... **tormentas de mierda.**

Oh, vamos, viste ese juego de palabras a un kilómetro de distancia.

A continuación, asignaremos un estatus —**daremos prioridad no solo a con *qué* debes lidiar, sino a *qué tan pronto*—,** un cálculo basado en mi factor favorito: la urgencia.

Al final de la segunda parte, usaremos todas estas herramientas para despejar mentalmente tu paisaje de preocupaciones, una tormenta de mierda hipotética a la vez. Y al practicarlo con la mierda que todavía no ha sucedido, será aún más fácil emplear el método Sinpreocuparse en la mierda que ya sucedió (que encontrarás en la tercera parte, naturalmente).

Pronto **estarás convirtiendo los «y si» en «ahora qué»** **como todo un profesional.**

Ni siquiera me necesitarás más. Snif.

ELIGE UNA CATEGORÍA, CUALQUIER CATEGORÍA

Como probablemente sepas, los huracanes se clasifican en una escala del 1 al 5. Esto se llama Escala de vientos de Saffir-Simpson.

Luego, los meteorólogos utilizan esos números para pronosticar (y transmitirte) el nivel de daño que la tormenta podría infligir a lo largo de su trayectoria, siendo 1 la menos intensa y 5 la máxima. Por supuesto, la gente del clima no siempre tiene razón: hay muchas variables impredecibles que determinan el alcance del daño real posterior a la tormenta, como la estabilidad relativa de los techos, líneas eléctricas, árboles, toldos, muelles para botes y muebles de jardín en la zona afectada. (Esta es la razón por la que la gente del clima tiene la mejor seguridad laboral en todo el mundo: apenas importa si lo hacen bien todo el tiempo, porque *no* pueden hacerlo bien todo el tiempo y, curiosamente, parecen estar por completo bien con eso. Al respecto: yo sería una terrible persona del clima).

Pero, como sea, las categorías del 1 al 5 en sí mismas son indiscutibles. Reflejan la fuerza del huracán en términos de su velocidad máxima sostenida del viento, que es una medida totalmente objetiva. El anemómetro no miente.

Las tormentas de mierda son diferentes en el sentido de que no existe un «-ómetro» que pueda medir la fuerza precisa de un solo evento; **su fuerza, o lo que llamaremos «intensidad», se basa únicamente en cómo la *experimenta* la persona afectada.**

Por ejemplo, digamos que durante toda tu vida has soñado con interpretar a Blanche Devereaux en *Thank You for Being a Friend: The Golden Girls Musical*; pero, después de una exitosa carrera de tres semanas, te echaron a la calle sin contemplaciones en favor de la nueva novia del director, esa asaltacunas. Estás devastada. Por otro lado, tu amigo Guillermo está positivamente jubiloso de haber sido despedido de la funeraria donde se encargaba de aplicar rubor y maquillaje de ojos a la clientela.

Misma tormenta de mierda en términos objetivos, diferentes experiencias en términos subjetivos. (Aunque tal vez podrías poner a Guillermo en contacto con la novia del director. Sería una pena dejar que su talento para reanimar cadáveres se desperdicie).

Además, no puedes comparar tu experiencia de una tormenta de mierda determinada con la experiencia de otra persona de una tormenta de mierda *diferente*. ¿Tu corazón roto es más o menos «grave» que mi diente roto? QUIÉN SABE.

Por lo tanto, las categorías de tormentas de mierda no se basan en *qué tan intensas* pueden ser, sino simplemente en la *probabilidad* de que realmente te golpeen. **De uno a cinco, en una escala de menor a más probable.** Por ejemplo, si eres una persona popular, entonces «¿Y si nadie viene a mi fiesta de cumpleaños?» sería una **categoría 1: muy improbable**, mientras que «¿Y si dos de mis amigos tienen fiestas el mismo fin de semana y tengo que elegir entre ellos?» es una **categoría 5: inevitable**. Y al revés, si eres un ermitaño.

De ahora en adelante, la probabilidad es tu barómetro. Lo llamaremos, no sé, tu probómetro.

Y en lugar de tener un meteorólogo para el área total de los tres estados, a cargo de pronosticar el daño potencial exacto de una tormenta de categoría 3 que pasa sobre un radio de 34 000 kilómetros cuadrados, quien podría o no hacerlo bien cuando se trata de tu casa, tendremos un meteorólogo centrado *exclusivamente* en tu casa.

Oh, y tu casa es tu vida, y tú eres ese meteorólogo.

En realidad, tú eres el «meteorólogo» porque tú y solo tú puedes predecir *si* es probable que esta tormenta de mierda caiga sobre TI.[13, 14]

Las cinco categorías de la escala de tormentas de mierda de Sarah Knight son las siguientes:

Categoría 1: MUY IMPROBABLE

Categoría 2: POSIBLE, PERO NO PROBABLE

Categoría 3: PROBABLE

Categoría 4: MUY PROBABLE

Categoría 5: INEVITABLE

Repito, toma en cuenta que esta escala no indica nada de la «fuerza» o «intensidad» de la tormenta, sino tan solo **la probabilidad de que ocurra**. Cuando se trata de tapiar tus ventanas metafóricas y de cerrar tus escotillas metafóricas, **la clasificación de tu probómetro te ayudará a presupuestar tus fondos de manera efectiva**. Menos FT en cosas menos probables, más en cosas más probables.

(Y algunas veces no necesitarás gastar ningún FT en preparación; puedes guardarlos exclusivamente para la limpieza. Ahondaremos sobre eso más adelante).

---

[13] Este es un chiste, mi gente.

[14] N. de la T.: En el original hay un juego de palabras entre *weather* (clima) y *whether* (si).

Para familiarizarte con el sistema de categorías, veamos algunas tormentas de mierda potenciales en acción.

Por ejemplo, **¿esquías?** Yo no, así que es MUY IMPROBABLE que me rompa la pierna esquiando. Categoría 1, por completo. (Aunque, si *esquiara*, que me rompiera una pierna nos ubicaría entonces en una categoría 4: MUY PROBABLE. Conozco mis límites).

Consideremos ahora al medallista de oro olímpico y superestrella de los noventa, Alberto Tomba. Romperse la pierna esquiando también podría ser una categoría 1: MUY IMPROBABLE, porque es así de bueno. O podría ser una categoría 4: MUY PROBABLE porque suele esquiar, a altas velocidades, enhebrando sus muslos obscenamente musculosos entre implacables estructuras metálicas. Dejo en manos de Alberto, en su calidad de su meteorólogo personal, decidir qué tan probable es según *él* que se rompa la pierna esquiando y, por lo tanto, cuántos (o qué tan pocos) fondos del trastorno necesitaría para destinarlos al presupuesto de un día determinado.

O veamos los terremotos. Esos son divertidos.

Las personas que viven en Minnesota, que Wikipedia señala como «un estado no muy tectónicamente activo», se encuentran en la categoría 1: MUY IMPROBABLE sobre el hecho de experimentar un gran terremoto; mientras que los propietarios de viviendas a lo largo de la zona de subducción de Cascadia, en Norteamérica, están coqueteando con la categoría 5 todos los días. (¿Leíste ese artículo del *New Yorker* en 2015? Porque ciertamente yo lo hice. Lo siento, costa noroeste, fue un placer conocerte).

Pero considera que una tormenta de mierda de categoría 5 no tiene por qué ser un evento catastrófico y estremecedor. **No necesariamente es tan *intenso*; es simplemente INEVITABLE.**

Por ejemplo, si eres padre, que te vomiten encima está completamente en las cartas. Si eres una candidata para ocupar un cargo en tu trabajo, serás juzgada injustamente por tu timbre vocal y tus elecciones de vestimenta. Y si eres un viajero frecuente, uno de estos días tu conexión se retrasará y te dejará varado en el aeropuerto de Shannon, Irlanda, durante seis horas con nada más que un sándwich de jamón de cortesía y tu computadora portátil, en la que verás *Los 8 más odiados*, y pensarás: *Eh, estuvo bien*.

Ah, y la muerte es obviamente una categoría 5. Nos va a pasar a todos, a nuestros gatos, perros, hámsteres y plantas anuales.

¿PUEDO OBTENER UNA REBAJA?

Cada «y si» es como un ciclón tropical que se gesta en la pantalla del radar de tu mente. Un ciclón de mierda, por así decirlo. Algunos de ellos se convertirán en tormentas de mierda en toda forma y otros no; pero, a diferencia de los ciclones tropicales, es posible que tengas control sobre la dirección que toman tus ciclones de mierda. En particular los de categoría 1, dado que son muy poco probables. Por ejemplo, si continúo sin ir nunca a esquiar, NUNCA me romperé la pierna esquiando. ¡Crisis total y completamente evitada! Sí, sí, te escuché gimotear, pero eso fue un regalito. No puedo entregar mis mejores cosas tan pronto. Más adelante, en la segunda parte, analizaremos formas menos ridículamente restrictivas, pero igual de efectivas para enviar una tormenta de mierda al mar. Te lo prometo.

Considerar la probabilidad de que se produzca una tormenta de mierda potencial es un ejercicio útil. Consultar tu probómetro te ayuda a enfocarte en la realidad de tu situación en lugar de obsesionarte con situaciones «y si» que a menudo son tan poco realistas como las fotos del «después» en un anuncio de píldoras para adelgazar a precio de oferta. Sabemos que simplemente se fue a tomar un bronceado en spray, sumió el estómago y adornó sus pechos con un sostén más favorecedor.

Y, por cierto, me disculpo si toda esta charla sobre la perdición inminente está provocando un trastorno, pero es para bien.

Porque cuando empieces a pensar en tormentas de mierda basadas en la probabilidad, empezarás a darte cuenta de que no tienes tanto de qué preocuparte como pensabas.

Pronto, cuando aparezca un «y si» en la pantalla de tu radar, serás capaz de decir: «Categoría 1 total. Ni siquiera vale la pena que me preocupe». O: «Categoría 2, no es necesario gastar esos fondos del trastorno todavía».

LA LÓGICA PUEDE SER MUY TRANQUILIZADORA.

LOGIGATOS, ¡VAMOS!

Hablando de lógica, de ahora en adelante, vamos a ver a tus cachorros emocionales y a sumarles algunos gatos lógicos, fríos y duros. Piensa en ello: un cachorro se revolcará en el jardín tratando de rascarse el lomo con un *frisbi* roto, mientras que los gatos son capaces de alcanzar sus propios lomos y, en términos generales, no son muy dados a revolcarse. Los perros son juguetones: persiguen vertiginosamente una pelota un minuto y al siguiente se distraen con un cuerpo de agua en el que necesitan chapotear. Los gatos son cazadores: se acercan a su objetivo con mira láser y se abalanzan (hay que decirlo) con reflejos felinos. Son el animal espiritual oficial de *Relájate un chingo*.

LAS TORMENTAS DE MIERDA
ACUMULADAS: UNA LISTA

Puede que ya sepas esto sobre mí, pero me encantan las malditas listas.

En esta sección, y de acuerdo con lo que te pedí que hicieras en la primera parte, **nombraré algunos de mis «y si» —las cosas que me despiertan presa del pánico** o me impiden disfrutar plenamente de mi **traguito de la tarde—**, así puedo averiguar qué preocupaciones resultantes merecen mi atención y cuáles puedo desechar, y luego comenzar a organizar mi respuesta al resto.

Listas, hombre. ¡Las listas me dan vida!

Por ahora, me quedaré con la **mierda que todavía no ha sucedido** porque es más fácil practicar en la teoría. Sin embargo, no temas: nos ocuparemos de la **mierda que ya sucedió** un poco más adelante en el libro.

Diez situaciones «y si» de las que podría o no tener que preocuparme

✔ La llave de mi casa se queda atascada en la puerta.

✔ Una palmera cae sobre mi techo.

✔ Aparecen más tarántulas en mi casa.

✔ Tengo un accidente automovilístico en la sinuosa carretera de montaña que lleva al aeropuerto.

✔ Llueve en mi día libre que quería pasar en la playa.

✔ Uno o mis dos gatos mueren.

✔ Pido una pizza diferente de la habitual y no es muy buena.

✔ Mi editor odia este capítulo.

✔ Me presento para dar una conferencia y fracaso rotundamente.

✔ Arruino por completo mis shorts favoritos con estampado de piña al sentarme en algo desagradable.

Ahora, te voy a pedir que hagas tu propia lista de situaciones «y si». Como la mía, deberían ser extraídas de la **mierda que todavía no ha sucedido.**

Si eres una persona por lo general ansiosa que también es conocida por mirar fijamente un cielo azul claro e imaginar un avión cayendo sobre tu sillón, este debería ser un ejercicio fácil.

Si te consideras a ti mismo como un simple **ansioso situacional —y te preocupas por la mierda solo cuando sucede**—, te envidio, amigo. De cualquier manera, sin embargo, quiero que hagas una lista, porque en realidad no importa si cada vez que te sientas en la silla te preocupa que la estilista vaya a dejar tu cabello demasiado corto. Uno de estos días, ella podría tener un desliz y hacerte un desvanecimiento asimétrico involuntario, y entonces tendrás que relajarte un chingo y lidiar con eso: la estrategia para ello es la misma que para todos nosotros. Usa tu imaginación.

DIEZ SITUACIONES «Y SI» DE LAS QUE PODRÍA O NO TENER QUE PREOCUPARME

_____   _____

_____   _____

_____   _____

_____   _____

_____   _____

A continuación, vamos a sacar nuestros probómetros y a **categorizar cada una de estas posibles tormentas de mierda por su probabilidad**. Analizar los problemas de manera racional y en función de todos los datos disponibles —como los vería el amigable meteorólogo de tu colonia—, te ayuda a presupuestar tus fondos del trastorno de manera efectiva.

Anotaré mi lista / categorizaciones para que puedas seguir mi línea de pensamiento.

Clave de categoría
1. MUY IMPROBABLE
2. POSIBLE PERO NO PROBABLE
3. PROBABLE
4. MUY PROBABLE
5. INEVITABLE

Diez situaciones «y si» de las que podría o no tener que preocuparme, clasificadas por probabilidad

✔ La llave de mi casa se queda atascada en la puerta

Categoría 2: POSIBLE PERO NO PROBABLE

Tal vez te parezca trivial, pero me preocupa porque ya sucedió una vez y mi esposo tuvo que subirse a una escalera y entrar por una ventana, lo que nos hizo darnos cuenta de lo inseguras que eran nuestras ventanas, así que ahora hemos instalado unas cerraduras en ellas. Por lo tanto, si mi llave se volviera a atascar en la puerta, me quedaría fuera con los mosquitos esperando a que llegue un cerrajero, lo cual, como ya se ha visto, es un juego peligroso en esta ciudad. Como nunca descubrimos por qué se atascó esa vez, debo asumir que podría volver a suceder. Sin embargo, la relación es como mil puertas que se abren por cada llave atascada, de manera que la probabilidad sigue siendo baja.[15]

✔ Una palmera cae sobre mi techo

Categoría 2: POSIBLE PERO NO PROBABLE

Solo hay dos palmeras a poca distancia de nuestra casa, y dos *verdaderos* huracanes de categoría 5 pasaron sobre nuestra ciudad en dos semanas el verano pasado. Hasta

---

[15] Supongo que técnicamente rompí mi propia regla sobre la mierda que todavía no ha sucedido. Como sea, es mi libro.

ahora, todo bien. Por otra parte, el cambio climático. Le daré un 2.

✔ Aparecen más tarántulas en mi casa

Categoría 1: MUY IMPROBABLE

He estado aquí varios años y he visto exactamente una tarántula. En el día a día, esto significa técnicamente un 1, incluso si es un 5 en término emocional. Cachorros, a la jaula. Logigatos, estén atentos, ¿de acuerdo?

✔ Tengo un accidente automovilístico en la sinuosa carretera de montaña que lleva al aeropuerto

Categoría 2: POSIBLE PERO NO PROBABLE

Tuve que pensar un poco más sobre esto... a menudo se hace esto, cuando las preocupaciones son mierdas potenciales realmente malas. Mi primer instinto fue clasificarla como categoría 4: muy probable, tan solo porque cada vez que subo a ese taxi temo por mi vida. Pero soy una pasajera nerviosa, que igual me aterrorizo en los caminos de terracería del Tercer Mundo y en las carreteras de cinco carriles, con buen mantenimiento, en los países desarrollados. Y si todos hemos estado prestando atención, sabemos que nuestro nivel de ansiedad *sobre* el problema no predice la *probabilidad de que este ocurra*. No me atrevo a llamarlo «muy improbable» (he visto, ehm, muchos accidentes de camino al aeropuerto); sin embargo, «posible pero no probable» se siente al mismo tiempo exacto y estresante de una manera manejable.

✔ Llueve en mi día libre que quería pasar en la playa

Categoría 4: MUY PROBABLE

No me lo estoy inventando para que tenga efecto: en este momento está lloviendo (y ha estado lloviendo toda la mañana), *mientras* el sol brilla intensamente. Nunca entenderé esta forma de lluvia tropical. ¿DE DÓNDE VIENE LA LLUVIA?

✔ Mis gatos mueren

Categoría 5: INEVITABLE

Los gatos son bestias fascinantes y astutas, pero no son inmortales. (Supongo que hay una pequeña posibilidad de que Gladys o el Señor Stussy vivan más que *yo*, pero eso es una categoría 1).

✔ Pido una pizza diferente de la habitual y no está muy buena

Categoría 1: MUY IMPROBABLE

Soy una criatura de hábitos y muy buena para predecir qué ingredientes funcionarán armónicamente en una pizza. Conóceme.

✔ **Mi editor odia este capítulo**

Categoría 1: MUY IMPROBABLE

Al igual que conducir por la tempestuosa carretera de la montaña, esta es una situación en la que mi ansiedad innata inicialmente me obliga a pronosticar una tormenta de mierda más severa de la que se ve en el radar. En realidad, no es ni inevitable ni muy probable que mi editor odie este capítulo. Debemos utilizar todos los datos disponibles para hacer nuestras predicciones. ¿Y Mike? Es un amor, no un enemigo.

✔ **Me presento para dar una conferencia y fracaso rotundamente**

Categoría 2: POSIBLE PERO NO PROBABLE

Una vez más, si dejo de lado las emociones ansiosas y me concentro en los datos en bruto, he hablado en público bastantes veces y nunca he fracasado rotundamente. Pero no tiene sentido convocar a la mala suerte, así que diremos que es un 2.

✔ **Arruino por completo mis shorts favoritos con estampado de piña al sentarme en algo desagradable**

Categoría 3: PROBABLE

En mi nueva ciudad, es casi imposible no sentarse en algo desagradable en un momento u otro, ya sea tierra, arena, un insecto aplastado, excremento de animal, aceite de motor o un cigarro viejo y húmedo. Con la vida interior

/ exterior viene la suciedad. Con los turistas viene la basura. Con los borrachos y los niños vienen los derrames. Ah, la vida en una isla. Solía pensar que podría mantener esta marca de tormenta de mierda en una categoría 1 si tan solo evitaba usar mis shorts favoritos cada vez que fuera a... oh, claro. Dondequiera que vaya, hay suciedad esperando a ocurrir. Suspiro. En cuanto al lado positivo, ¡tengo una lavadora y sé cómo usarla! Aquí está la categoría 3.

Al revisar mi lista, verás que, de diez cosas aleatorias por las que se sabe que me preocupo —**y que todavía no han sucedido**—, tres son de categoría 1: muy improbable. Eso equivale a 33.3% de mi mierda que queda fuera, ahí mismo.

Otras cuatro son de categoría 2: posibles, pero no probables. Ahora estamos a más de la mitad de mis «y si», y están cayendo como moscas en la hora feliz.

No sé ustedes, pero yo ya me siento más tranquila.

Entonces, ¿estás dispuesto a categorizar tu propia lista? Te daré espacio adicional para que anotes tu proceso de pensamiento como lo hice yo, porque a veces tienes que explicarte a ti mismo antes de que ninguno de tus yos pueda entender de dónde vienes.[16]

---

[16] Esta podría ser la más profunda declaración que jamás haya hecho.

DIEZ SITUACIONES «Y SI» DE LAS QUE PODRÍA O NO TENER QUE PREOCUPARME: CLASIFICADAS POR PROBABILIDAD

Categoría: _____   Categoría: _____

Categoría: _____   Categoría: _____

Categoría: _____   Categoría: _____

Categoría: _____   Categoría: _____

Categoría: _____   Categoría: _____

Sin que esté ahí para mirar por encima de tu hombro y sin conocerte en persona (bueno, a la mayoría de ustedes. ¡Hola, Dave!), supongo que una buena parte de tu lista de situaciones hipotéticas está poblada de categorías 1 y 2 como la mía, por lo que puedes y debes dejar de preocuparte por ellas cuanto antes. Más adelante, en la segunda parte, te mostraré cómo hacerlo. (Pista: se trata de la pregunta única para dominar todas).

E incluso si estás un poco más cargado en las categorías 3, 4 y 5, estás a punto de aprender un montón de nuevas estrategias para capear tormentas de mierda *desechando* las **preocupaciones improductivas y *organizando* una respuesta productiva.**

Despeje mental. Te lo digo, es la onda.

¿CUÁL ES TU ESTADO?

Una vez que hayas determinado de manera lógica y racional que un «y si» es una tormenta de mierda probable, una pregunta de seguimiento útil es: **«¿Qué tan pronto va a tocar tierra?»**.

Hay tres niveles de urgencia:

REMOTA

INMINENTE

TOTAL

Una tormenta de mierda remota no solo no ha sucedido, sino que ni siquiera puedes estar seguro de que ocurra. En teoría, debería ser más fácil dejar de preocuparse por ellas porque son poco probables y distantes: baja presión y baja prioridad. Irónico, dado que las situaciones de baja presión son las que crean verdaderas tormentas, pero una vez más, las metáforas y las antigurús que las emplean son imperfectas.

Ejemplos de tormentas de mierda remotas

Es posible que pierdas las elecciones el próximo año.

Es posible que no te asciendan tan rápido como quisieras.

Es posible que te lastimes mientras entrenas para un maratón.

Es posible que nunca tengas noticias de esa chica que conociste en el bar.

Es posible que no pierdas peso a tiempo para la reunión de tus excompañeros de escuela.

Es posible que sigas los pasos de tus padres y necesites una cirugía de cataratas algún día.

Es posible que un colega inventor te gane esa patente.

Las tormentas de mierda inminentes tampoco han sucedido todavía, pero están más sólidamente formadas y es probable saber si llegarán y cuándo. Aun así, es posible que puedas prevenir una tormenta de mierda inminente, pero si no, al menos puedes prepararte para el impacto y mitigar las consecuencias.

Una tormenta de mierda total es la que ya está sobre ti. Es posible que la hayas visto venir cuando aún era inminente y hayas tenido la oportunidad de prepararte, o puede haber aparecido de la nada como un YouTuber de 12 años que tiene más seguidores que el islam y el cristianismo juntos. No importa si los efectos de la tormenta se considerarían leves o intensos (por ti o por cualquier otra persona), está aquí y debes lidiar con ello.

Ya sea que la tormenta de mierda sea una categoría 1: altamente improbable, o una inevitable categoría 5, **si aún no ha sucedido, puedes preocuparte con menos urgencia que si está a punto de suceder o acaba de suceder.**

¿Entiendes?

Más peligroso cuanto más haya

Está bien, pero ¿qué pasa si tienes *varias* tormentas en el radar y estás razonablemente seguro de que necesitarás gastar tiempo, energía y/o dinero preocupándote por / lidiando con todas ellas?

Hay una razón por la que la frase dice: «más dinero, más problemas», y no: «más problemas, más dinero». No obtienes una afluencia mágica de fondos de trastorno solo porque has tenido una afluencia mágica de tierra de mierda en tu regazo. **Sigue utilizando la urgencia como herramienta para determinar la priorización de retiros.**

Aquí hay un pequeño cuestionario:

> ### Ejemplos de tormentas de mierda totales
>
> Derramaste vino tinto en tu vestido de novia.
>
> Derramaste vino tinto en el vestido de otra novia.
>
> Recibiste un diagnóstico aterrador.
>
> Tu compañía te despidió.
>
> Tu automóvil fue remolcado.
>
> Perdiste una apuesta. Una apuesta grande.
>
> Tu hijo se rompió una pierna.
>
> Tu esposa te dijo que está embarazada... pero el bebé es de otra persona.

1. **La cagaste en el trabajo, pero tu jefa aún no lo sabe porque estará de vacaciones durante dos semanas.**

   Categoría: _____

   Estado: _____

2. **Tu esposa tiene 9.2 meses de embarazo.**

   Categoría: _____

   Estado: _____

3. Esta es doble:

   a. **Tu automóvil es de un modelo confiable y relativamente nuevo. ¿Qué pasa si se descompone?**

   Categoría: _____

   Estado: _____

   b. **¡Sorpresa! Se acaba de descomponer.**

   Categoría: _____

   Estado: _____

Respuestas:

1. **Categoría 4: tormenta de mierda muy probable / remota**
   (Es también aceptable: categoría 3: probable / remota)

   Estás bastante seguro de que tu jefa te va a hacer pedazos cuando regrese. Sin embargo, no pasará en al menos dos semanas, lo que de ninguna manera es «inminente». Muchas otras cosas podrían suceder en dos semanas, incluido el hecho de que tu jefa tenga que ocuparse de asuntos más urgentes que gritarte y despedirte. (No estoy diciendo que te vayas de lleno al modo avestruz, solo que el momento de lidiar con que tu jefa esté enojada contigo es si sabes / cuando sepas que está realmente enojada contigo. Tal vez ella esté tan contenta después de su retiro de ayahuasca que ni siquiera notará lo que hiciste.)

Guarda tus fondos del trastorno por ahora. Especialmente porque a) no puedes hacer nada sobre el hecho de que ya la cagaste y b) es posible que necesites ese tiempo y energía más adelante para pedir perdón o actualizar tu currículum.

2. **Categoría 5: tormenta de mierda inevitable / inminente**

Ese bebé llegará pronto y lo sabes. No tienes control sobre cuándo o cómo, pero puedes prepararte un poco para hacerte la vida más fácil en el último momento.

Es conveniente un retiro prudente de los FT. Prepárate para la llegada a tierra gastando algo de tiempo, energía y dinero en el armado de una bolsa de viaje, llenando el congelador con comidas preparadas y durmiendo; porque, una vez que ese niño llegue, todo terminará entre tú y Morfeo.

3a. **Categoría 1: muy improbable / tormenta de mierda remota**

3b. **Categoría 1: muy improbable / tormenta de mierda total**

Con base en la información contenida en la primera parte de la pregunta, esta debería haber sido una categoría I fácil. Pero, como sabemos, LA MIERDA SUCEDE —incluso, a veces, la mierda muy improbable— y cuando su estado salta de remoto a total, tú tienes que lidiar con esto como *la más alta prioridad* en comparación con cualquiera de las otras dos tormentas en el radar.

Priorización en función de la urgencia. PUM.

Vas a necesitar un auto para conducir al trabajo en esas dos últimas semanas en las que definitivamente todavía tienes un trabajo, y para llevar a Margaret al hospital en algún momento, pues, inminente.

Retira algunos FT de inmediato. Llama a un mecánico y averigua cómo remolcar tu Volvo hasta el taller, luego llama a Hertz para conseguir un auto en alquiler que te ayude.

Oh, espera, ¿qué fue eso? ¿Se acaba de romper la fuente de Margaret? ¡Carajo! ¡Otra tormenta de mierda total! En este caso particular, no hace falta ser un genio para determinar que la que está derramando líquido amniótico sobre ti y tu sofá es la primera de la que debes preocuparte. La comodidad de Margaret tiene prioridad, y puedes lidiar con la molestia de tu auto en cualquier momento que haya un descanso.[17]

Es hora de cambiar las prioridades. En lugar de un mecánico, estás llamando a un Uber. Y a un servicio de limpieza.

---

[17] Ja, ja, ja, estás por tener un bebé. No habrá un descanso en los próximos 18 años.

ELIGE O PIERDE

Cuando más de una tormenta de mierda compite por la máxima prioridad, elige una en la que centrarte *por el momento*. Siempre puedes cambiar de un lado a otro, pero si intentas cumplir una doble función simultánea, gastarás tus fondos del trastorno más rápido que Johnny Depp inhalando un montón de polvo colombiano y perderás la maldita cabeza mientras tanto. Ya puedo verlo: intentarás cambiar la banda del ventilador de Margaret y le rogarás al mecánico que te dé una epidural con un absurdo acento de pirata Cockney. Si quieres mantenerte cuerdo, elige un carril.

✔ **PREGUNTA PARA CRÉDITO ADICIONAL: te pierdes mientras caminas en la Sierra Madre (tormenta de mierda total) y entonces te rompes el dedo del pie con una enorme y estúpida roca (tormenta de mierda total número dos) justo cuando un helicóptero de rescate está dando vueltas sobre tu cabeza. ¿Gastas tu tiempo y energía envolviendo tu dedo roto o saltando sobre él mientras agitas tu única bengala de supervivencia con la esperanza de asegurar tu viaje a la sala de urgencias del hospital más cercano?**

Respuesta: P-R-I-O-R-I-Z-A. ¡Salta por tu vida! ¡Haz señales al helicóptero! (Y lleven más de una bengala de supervivencia, niños. La seguridad es lo primero).

En resumen: cuando se trata de tormentas de mierda remotas, inminentes o totales, ¿cómo te preparas?

- ✔ Sé como un meteorólogo y pronostica los desenlaces en función de los datos disponibles.

- ✔ Pregúntate no solo qué posibilidades hay de que eso te suceda, sino también: *¿qué tan pronto?*

- ✔ Y, antes de gastar tus fondos del trastorno, formúlate la pregunta única para dominar todas: *¿puedo controlarlo?*

ENCIENDE TU MANIÁTICO DEL CONTROL

En esta sección, te guiaré a través de una ronda de práctica de «¿puedo controlarlo?». Pero primero, quiero examinar **los diferentes *tipos* de control que puedes o no ejercer en una situación determinada**. Es una escala móvil, y sería bueno que comprendieras los matices.

Fuera de tus manos: estas son las cosas que no puedes controlar en absoluto, como el clima, las acciones de otras personas, la cantidad de horas que tiene un día y la cantidad de oportunidades que tu novio te dará antes de que termine enfermo con tu jodido *Y si me está engañando*, y te deje de cualquier manera porque eres demandante y desconfiada.[18]

Haz una contribución: no puedes controlar el problema subyacente más grande, pero puedes hacer tu parte para minimizar sus efectos. En cuanto al clima, no puedes controlar la lluvia, pero sí puedes controlar *si* sufres o no sus efectos al máximo si te acuerdas de llevar paraguas. No puedes controlar la cantidad de horas que tiene un día, pero puedes controlar *si* pasas demasiadas horas viendo tutoriales de contorneado en línea en lugar de calcular tus impuestos como deberías. Y no puedes controlar el nivel máximo de tolerancia de Randy para tu comentario «¿¿¿QUIÉN ES ELLA???» en su página de Facebook, pero puedes controlar *si* sigues usando los dedos para teclear esas tres pequeñas palabras (o simplemente podrías romper con Randy porque, seamos realistas, donde hay humo hay fuego).

Bajo tu influencia: puedes *influir mucho* en estas cosas, si no es que controlarlas por completo, como «no dormir demasiado» mediante la activación de una alarma. ¿Es posible que algo evite que suene la alarma (como que se vaya la luz o un ratón se coma el cable), o que prestes atención a su canto de sirena (como que presiones por accidente el botón de apagar la alarma en lugar de posponerla)? Claro, pero esa es una tormenta de mierda de categoría 1: muy improbable y

---

[18] Esta categoría 4 va dirigida a una seguidora de Twitter que parece, al mismo tiempo, admirablemente consciente de sí misma y destinada a permanecer soltera para siempre.

lo sabes. O... ¿debo inferir de esta línea de preguntas que en realidad *no quieres* relajarte un chingo?

Ajá. Sigamos.

Control total: esto es la mierda de la que siempre tienes 100% de control, como «las palabras que salen de tu boca» y «si estás usando pantalones o no».

Como he afirmado y continuaré perforando en tu cráneo como una de esas lobotomistas de antaño, **preocuparte es un desperdicio de tiempo, energía y dinero valiosos. Y preocuparte por cosas que NO PUEDES CONTROLAR es el mayor desperdicio de todos**. Esto es cierto para las ansiedades de bajo nivel y las tormentas de mierda de alta probabilidad. Los problemas con tus amigos, tu familia, tu jefe, tus compañeros de trabajo, tu automóvil, tu cuenta bancaria, tu novio, tu novia, las tarántulas —aquellos que tienes el poder de resolver, las preocupaciones que TÚ puedes desechar y la respuesta que TÚ puedes organizar—, esos son en los que debes enfocarte.

Como prometí, aquí es donde en verdad brilla la pregunta única para dominar todas, desde las ansiedades existenciales hasta las catástrofes totales. Aquí está en acción:

✔ **¿Y si le digo a Rachel, mi mejor amiga, lo que en realidad pienso de su nuevo flequillo y ella nunca me perdona?**

¿Puedo controlarlo? Completamente. Mantén tu boca cerrada y tu amistad intacta.

O:

✔ **¿Y si grito accidentalmente el nombre de otra mujer en la cama con mi nueva novia?**

¿Puedo controlarlo? Sí. Por el amor de Dios, Randy, contrólate. No es de extrañar que tu nueva novia no confíe en ti.

Y ¿qué te parece lo siguiente?:

✔ **¿Y si los rumores de una disputa sindical se hicieran realidad y eso llevara a cancelar ese *rally* de camiones monstruo del próximo miércoles que me entusiasmaba?**

¿Puedo controlarlo? A menos que también seas el presidente del Sindicato de Conductores de Camiones Monstruo, no hay duda de que no. Lo que significa que esta es una preocupación que idealmente deberías DESECHAR. (Pasaré a «Está bien, pero ¿cómo lo desecho?» en corto. Ten paciencia; no es como si tuvieras un *rally* de camiones monstruo al que asistir).

O:

✔ **¿Qué pasa si algo malo les sucede a las personas a las que les doy instrucciones incorrectas para llegar a algún lugar?**

¿Puedo controlarlo? Sí, diciéndole a la próxima pareja joven y agradable de Bismarck que tienes un terrible sentido de la geografía y que sería mejor que consultaran a un hidrante de incendios. Este «y si» es sumamente fácil de ahogar desde un inicio: tómalo de alguien que piensa que girar a la derecha significa automáticamente ir «hacia el este».

Y, algunas veces, es posible que tengas que **dividir una gran preocupación en componentes más pequeños**, algunos de los cuales puedes controlar y otros no.

✔ **¿Qué pasa si me río tanto que me orino en los pantalones durante el *stand-up* de mi amigo?**

¿Puedo controlarlo? En primer lugar, qué afortunado eres si tu amigo comediante es en verdad así de divertido. Si eres propenso a fugas por risa, es posible que no puedas controlar la vejiga, pero puedes contribuir a tu preparación general. Hay muchas opciones en el pasillo de higiene personal que se inventaron de manera expresa para ayudarte a lidiar con este problema.

Esto es muy divertido, creo que deberíamos probar algunas más, esta vez, en situaciones «y si» extraídas directamente del cerebro palpitante de mis seguidores de Twitter.

Mierda que le preocupa a la gente que sigue mi cuenta de Twitter. ¿Pueden controlarlo?

✔ Soy feliz y tengo una buena relación, pero ¿y si esperamos demasiado para casarnos y nunca tenemos hijos?

¿Puedo controlarlo? Este es uno de los casos en los que puedes influir mucho. No necesariamente tienes el control total sobre quedar embarazada, pero en términos de este «y si» específico, *puedes* controlar «no esperar demasiado» para comenzar a intentarlo. Sabes cómo funciona todo esto de los óvulos envejecidos y, si es necesario, puedes explicárselo a Dan. Sin embargo, si tienes que explicárselo a Dan... tal vez Dan debería haber prestado más atención en la clase de biología de décimo grado.

✔ ¿Y si nunca encuentro la escotilla de escape de mi trabajo diario que me roba el alma?

¿Puedo controlarlo? Sí. Nunca podrás encontrar lo que dejas de buscar. Creo que fue Yoda quien dijo eso. Un poco antigurú ese tipo.

✔ ¿Y si estoy fracasando como adulto?

¿Puedo controlarlo? Sí. Los adultos hacen cosas como pagar impuestos, asumir la responsabilidad de sus acciones, preparar su propia cena y presentarse a tiempo para los exámenes de próstata. Haz estas cosas y tendrás éxito

como adulto. Si tu «y si» es de naturaleza más existencial, quizá deberías tener un pasatiempo. Los adultos también los tienen.

✔ ¿Y si elijo no ir a casa a visitar a mi familia este fin de semana y les pasa algo malo y luego me arrepiento para siempre?

¿Puedo controlarlo? Sí. Si tu objetivo no es tener que preocuparte por esto, ve a visitarlos. Si lo que en realidad estás pidiendo es permiso para no conducir seis horas hasta el distrito de Columbia en medio del tránsito de fin de semana festivo y *tampoco* quieres preocuparte por las consecuencias de esa decisión, saca tu probómetro de confianza. ¿Qué posibilidades hay de que le suceda algo malo a tu familia justo este fin de semana de entre todos los fines de semana? Es una categoría 1, ¿no lo crees? Tú ya sabes qué hacer.

✔ ¿Y si mi hijo no tiene los problemas de desarrollo que sus médicos creen que tiene y se trata de un sociópata en ciernes?

¿Puedo controlarlo? ¡Cielos! Lamento decir que no puedes controlar *si* el niño es un sociópata. Ni siquiera puedes influir mucho en esto, si estamos hablando de una tormenta de mierda a nivel de ADN. Pero puedes contribuir a la causa general si continúas buscando ayuda para él. (Y tal vez buscar una segunda opinión mientras lo haces. Parece prudente en este caso).

✔ ¿Y si todos mis amigos me odian en secreto y no lo sé?

¿Puedo controlarlo? Te remito a tu meteorólogo interno para determinar la probabilidad de este escenario. Reúne todos los datos disponibles. Si tus amigos son amables contigo de forma regular y no evitan tus llamadas o hablan cosas sobre ti en chats grupales que creen que no vas a ver, excepto que no saben que Sondra siempre deja su teléfono desbloqueado y que lo abandona en la mesa cuando va al baño, entonces quizá no te odien. Si *hacen* estas cosas, no creo que lo estén manteniendo en secreto, ¿no? No estoy segura de entender la pregunta.

✔ ¿Y si tengo un bebé feo?

¿Puedo controlarlo? No. Y además, todos los bebés son feos. No tendrás una idea real de cómo resultó esa cosa, sino hasta mucho más tarde en la vida, e incluso entonces, la pubertad le hace cosas terribles a un humano.

✔ ¿Y si la democracia está fallando y mis hijos están en peligro de muerte a causa de eso?

¿Puedo controlarlo? No, en realidad. Pero, por favor, vota. O postúlate para un cargo público. Todos te necesitamos.

✔ ¿Y si soy echado de mi trabajo sin previo aviso?

¿Puedo controlarlo? ¿Ser echado? O sea, ¿no ser despedido, sino más bien ser echado sin causa y, como dijiste, «sin previo aviso»? No. (¡Vamos, la respuesta estaba ahí en la pregunta!) Por otro lado, si estás preguntando qué pasa si te *despiden* sin previo aviso, bueno, apuesto a que si tu jefe planea despedirte, él o ella en realidad ya te habrá dado muchas advertencias previas, simplemente no estabas escuchando.

✔ **¿Y si mis padres, viejos ya, comienzan a desmoronarse?**

¿Puedo controlarlo? En definitiva, no. Puedes alentarlos a que se hagan chequeos y surtan sus recetas y, tal vez, se inscriban en una clase de aeróbicos ligeros en agua para que se mantengan ágiles, pero tú no controlas la salud de nadie más ni la toma de decisiones relacionada con eso. Si ellos siguen adelante y se desmoronan, entonces podrás preocuparte por eso.

✔ **¿Y si me muerde un mapache?**

¿Puedo controlarlo? Sí. Al evitar salir con mapaches. ¿Quién eres, Davy Crockett?

Por último, pero no menos importante, una consulta que me llamó la atención por una extraña razón personal:

✔ **¿Y si se me caen los dientes?**

¿Puedo controlarlo? Puedes influir mucho en que tus dientes se queden en su lugar si los cepillas de manera regular, usas enjuague bucal e hilo dental (eh), vas al dentista, usas un protector nocturno y evitas el hockey sobre hielo y los tipos llamados Wonka. Sin embargo, este

tuit en particular me llevó a hacer una pausa, no porque esté conscientemente preocupada por el destino de mis bicúspides, sino porque resulta que cada cierto tiempo tengo un sueño en el que se me caen los dientes, y cuando lo busqué en uno de esos libros de interpretación de sueños, aprendí que los dientes perdidos o desmoronados en tu sueño indican una sensación de impotencia en la vida real. En otras palabras, una pérdida de control. ¡Es tan meta![19] Al parecer, mi ansiedad es tan profunda que estoy pensando en mis «y si» mientras duermo.

SI LA RESPUESTA ES NO, ASÍ ES COMO LO SUELTAS

Lo que te puede sorprender después de leer la sección anterior es que NADA DE ESTO DEBERÍA SER UNA SORPRESA PARA TI.

¿Puedes controlarlo (o algunos de sus aspectos), sí o no? **Ya tienes las respuestas, amigo.**

Hemos establecido que no puedes, por ejemplo, *controlar* ser echado repentinamente. Pero si estás preocupado por esto, entiendo de dónde viene. A lo largo de mis veinte años, mi capacidad para realizar bien mi trabajo no estaba en duda. No corría

---

[19] N. de la T.: *Meta* es un prefijo griego que significa «después» o «más allá». Su uso como palabra se ha popularizado en el inglés para definir algo que trata sobre sí mismo, hace autorreferencia o trasciende de otra forma diferentes niveles de discurso o realidad.

peligro de ser despedida por alguna causa. Aun así, me preocupaba apasionadamente perder mi trabajo debido a recortes u otros factores del plano corporativo que definitivamente no podía controlar.

Recuerdo haber tenido estas preocupaciones. Recuerdo que la gente me decía que todo estaría bien y que, como fuera, no podía controlarlo, así que debía soltar y dejar de trastornarme por eso.

Y recuerdo haber pensado: *FÁCIL PARA TI DECIRLO, CARA-DE-IMBÉCIL MCGEE.*

O, como uno de mis seguidores de Twitter expresó en términos más corteses: **«¿Cómo puedo pasar de entender que la preocupación no tiene sentido a *no preocuparme en verdad?*».**

Excelente pregunta. Una vez que has RECONOCIDO el problema, comienzas a dejar de preocuparte por dicho problema ACEPTANDO las cosas que no puedes controlar; una habilidad que más de 60% de mis encuestados anónimos aún no ha dominado, por cierto.

Espero que ese mismo 60% esté leyendo, porque en realidad es más fácil de hacer de lo que ellos, o tú, podrían pensar.

¡Chequeo de realidad, por favor!

Por favor, date cuenta: no estoy usando la palabra «aceptación» como si se esperara que debas sentirte *feliz* de repente por cualquier mierda que haya sucedido y que no puedes controlar.

Es totalmente comprensible, en particular a corto plazo, estar jodidamente molesto por una mierda que no podemos controlar, como lo estaba Ross cuando Rachel rompió con él en *Friends*, usando justo la palabra: «Acéptalo».[20]

Pero si has sido abandonada, engañada o traicionada, hechos son hechos. Seguir gastando tu tiempo, energía o dinero, a largo plazo, estar ansiosa, triste o enojada por eso, o evadirlo, es una pérdida de fondos.

Chica, no actúes como si no lo supieras. Ya hemos pasado por ello varias veces.

Para los propósitos de este libro y la ejecución del método Sinpreocuparse, **estoy usando la palabra «aceptar» como sinónimo de «comprender la realidad de la situación».**

Eso no es tan difícil, ¿verdad? Si puedes aceptar que el cielo es azul y el agua moja y los macarrones son decepcionantes y casi fraudulentos como postre, puedes aceptar las cosas que no puedes controlar.

¡HURRA! Sarah Knight, lanzando bombas de conocimiento de sentido común desde 2015.

---

[20] Del capítulo: «El de la mañana siguiente».

SEAMOS REALISTAS

Una frecuente precursora de las caras del trastorno es la incapacidad para aceptar la realidad. En cierto sentido, es posible que estés preocupado por algo que ni siquiera ha sucedido todavía, lo que significa que, literalmente, aún no es «real». Existe un «y si» en tu imaginación; solo cuando se vuelve real es un problema que puedes reconocer, aceptar y ocuparte de él. O puedes estar trastornado porque no puedes forzar el desenlace que deseas; por ejemplo, uno que no es «realista». Volveré sobre esto en la tercera parte, en la sección acertadamente titulada «Identifica tu desenlace ideal realista». Mientras tanto, medita sobre esto:

El camino desde los «y si» y las preocupaciones hasta que te relajas un chingo es una línea recta que va de «cosas que existen en tu imaginación» a «cosas que existen en la realidad», y luego «aceptar esas cosas como realidad».

Tal vez podrías volver a leer eso algunas veces más, solo para asegurarte de que estás oliendo lo que estoy cocinando. De hecho, ve a continuación un gráfico que puedes fotocopiar y guardar en tu billetera o tatuarlo en tu pecho para tu reafirmación diaria.

Cuando respondes la pregunta única para dominar todas con un *No, ya* has aceptado la realidad. ¡Has admitido que no puedes controlar algo! Es así de simple. Lo que significa que estás cerca de relajarte, lo único que queda para completar el paso 1 del método Sinpreocuparse es DESECHAR esa preocupación poco realista e improductiva como el buen despejador mental que sé que puedes ser.

Para hacer eso, tienes un par de opciones.

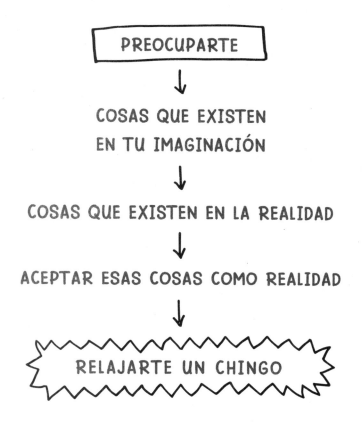

OPCIÓN 1: TAN SOLO SUELTA, CARAJO

¿Sigues pensando que es más fácil decirlo que hacerlo? Bien. Pero te invito a considerar todo lo que hemos hablado hasta ahora ya aplicado caso por caso.

Si estás trabajando en esas categorías de tormenta de mierda como te enseñé, deberías poder reducir tu carga de preocupaciones de manera inmediata y significativa. Si es muy poco probable que suceda algo, ¿por qué te preocupas? Y si está muy lejos, ¿por qué te preocupas por eso AHORA?

Oh, ¿y es esto algo que puedes controlar? ¿No? Mmm. Entonces no hay razón alguna por la que debas gastar tu precioso tiempo, energía y dinero en ello.

Parece muy sencillo, ¿no es así? Como... ¿tal vez el tipo de cosas que ya deberías saber?

Bueno, creo que SÍ lo sabes, en algún lugar de tu palpitante corazón, así que solo te estoy ayudando a que accedas a ese conocimiento. No hay vergüenza en un poco de trabajo en equipo. He descubierto que, en momentos de estrés, la gente no siempre puede hacer las conexiones de sentido común que otros pueden hacer *por* ellos, si a otros se les concede un plazo razonable de entrega y Doritos ilimitados para que se sienten frente a su computadora portátil y lo escriban todo.

Es una relación simbiótica, la tuya y la mía.

Es decir, no me sorprende en absoluto que no pudieras dejar de lado tus preocupaciones antes de leer este libro, pero me sorprendería mucho que a estas alturas no puedas simplemente soltar, digamos, un montón de ellas.

OPCIÓN 2: DESAPARECE ESA MIERDA

A diferencia de Bryan Cranston, cuyo personaje comienza enfurecido pero con el tiempo llega a sentir agrado por el tipo que está tratando de casarse con su hija en pantalla, en la película criminalmente subestimada *¿Por qué él?*, no puedes contar con que te sientas feliz por lo que, ahora mismo, te tiene jodidamente molesto.

Pero PUEDES sentirte feliz (o tranquilo o proactivo, etc.), ahora mismo, sobre algo completamente *distinto*, lo que a su vez hace que dejes de preocuparte por el asunto original.

¡Taraaaaán! Llamo a esta técnica «prestidigitación de la mente».

Es como cuando estoy enloqueciendo por una fecha límite de entrega, así que me doy un baño en la piscina para despejar mi mente. Eso no cambia el hecho de que mañana faltarán esas 5000 palabras en la bandeja de entrada de alguien, pero cambia temporalmente mi enfoque de *Soy un fraude y nunca escribiré una sílaba* más a *Oooh, esto se siente bien*.

Así como el juego de manos permite a un mago realizar su emocionante acto, la prestidigitación de la mente es la forma en que haremos desaparecer tus preocupaciones, al menos de manera temporal, y tal vez incluso para siempre. (Y no me vengas con que «¡Eso es trampa!». Te prometí trucos desde la primera página. Deberías empezar a creer en mi palabra).

Ahora, recuerda, si quieres, el lado opuesto de las cuatro caras del trastorno:

¿ANSIOSO?	→	ENFÓCATE
¿TRISTE?	→	REPÁRATE CON AUTOCUIDADO
¿ENOJADO?	→	TRANQUILÍZATE CON PERSPECTIVA
¿EVASIVO?	→	ACTÚA

Aquí es donde la magia tiene lugar, mi gente. Ahora te presento una colección de trucos simples y elegantes que puedes esconder bajo tu voluminosa manga para cuando las preocupaciones se pongan difíciles y tengas la difícil necesidad de DEJAR DE PREOCUPARTE.[21]

Cómo dejar de estar ansioso por algo

Las situaciones «y si» se multiplican en la pantalla del radar. Tus nervios están desgastados, tus dientes están hechos polvo y no puedes dejar de pensar demasiado en cualquier mierda que esté a punto de suceder o que ya sucedió.

¡Tienes que ENFOCARTE, Jim! (En otra cosa).

---

[21] Para mantener la continuidad lingüística con el método Sinpreocuparse, utilizo «preocuparte» aquí para indicar «cualquier forma en la que muestres signos de un trastorno».

Muéstrale a la ansiedad el dedo (o los dedos). Cuando estoy ansiosa, camino por la casa moviendo mis dedos como si estuviera tocando un piano en el aire o haciendo unas discretas manos de jazz. Mi esposo los llama mis «dedos de despeje», ya que siempre señalan el preludio de algún tipo de puesta en orden semimaniaca. Pero, además de limpiar los gabinetes de la cocina o despojar la mesa de centro de revistas viejas, lo que estoy haciendo es canalizar temporalmente mi ansiedad en algo productivo y [para mí] reconfortante.

Quizás a ti no te guste tanto poner todo en orden como terapia, pero de seguro hay otra tarea práctica que disfrutes a la cual podrías recurrir cuando sientas que tu cara ansiosa se instala alrededor de tus sienes. Tal vez ponerle cuerdas nuevas a tu guitarra, remendar un par de pantalones o reparar la diminuta cama-nido de la casa de muñecas de tu hija. (Quizás es hora de admitir que es *tu* casa de muñecas, Greg).[22]

A bailar con POP. Es decir, los problemas de otras personas. Tal vez no tengas un terapeuta de guardia, pero tienes amigos, familiares, vecinos y el tipo en la oficina de correos con esa barba que parece reubicar a los gansos que se perdieron en su camino hacia el sur para pasar el invierno. Charla con ellos. Pregúntale a tu hermana cómo está y escucha *sus* problemas. Libera un poco de tu ansiedad dándole un consejo que probablemente, ehm, deberías estar tomando para ti mismo.

---

[22] Alguien que estaba ansiosa respecto a terminar su libro a tiempo también puede haber podado hoy un arbusto de papiro gigante con un par de tijeras de cocina.

Es más difícil permanecer ansioso por algo en particular cuando no te permites el espacio mental para pensar en ello, y una excelente manera de lograrlo es llenar dicho espacio con conversación, interacción humana y los problemas de *otras personas*. ¿Cómo crees que me mantengo tan tranquila estos días? Me paso todo el año dándote consejos.

Tú de esta noche, conoce al tú de mañana

Este parece un buen lugar para ocuparme de la tarántula en la habitación, que es que cuando las preocupaciones ansiosas te mantienen despierto por la noche, es posible que puedas nombrar tu problema (¡buen trabajo!), pero no necesariamente puedes resolverlo en ese momento.

Lo entiendo, por eso quiero tomarme un momento para presentarte a uno de mis dúos favoritos de magos y asistentes mentales: **tú de esta noche y tú de mañana**.

Digamos que en este momento son las 3:00 a. m. del viernes, y no puedes dormir porque el martes pasado le hiciste un comentario casual a tu compañera de trabajo Ruth, que te preocupa que ella haya interpretado como un insulto, aunque no dio ninguna señal de ello en ese momento, y aun cuando ni una sola palabra que sale de tu boca podría considerarse como una crítica por cualquier persona consciente.

Aun así. *¿¡¿Y si...?!?*

Bueno, si son las 3:00 a. m., entonces tú de esta noche NO PUEDE llamar a Ruth y NO PUEDE decirle que esperas que no se haya ofendido por lo que dijiste y NO PUEDE sentirse mejor cuando ella responde: «¿Qué? Ni siquiera recuerdo que hayas dicho eso, así que obviamente no me ofendí, tonto».

Pero tú de esta noche PUEDE preparar a tú de mañana para el éxito... durmiendo un poco, jefe.

Sé que puedes pensar que es imposible quedarte dormido cuando estás ansioso por enmendar las cosas con Ruth o cuando tu lista de tareas pendientes se desplaza por tu mente en un bucle sin fin como el Nasdaq en Times Square, **pero escúchame: esta podría ser la aportación más útil de todo este compendio de calma.**

Primero, piensa en el problema en términos de lo que hemos discutido hasta ahora:

Poder dormir es el problema más urgente, por lo que debería ser tu prioridad, ¿verdad? *Jaque.*

Además, es la única parte de esta ecuación sobre la que tienes cierto control ahora, y que realmente puedes resolver, ¿correcto? *Doble jaque.*

Esta es la realidad. ¿Puedes aceptarlo? *Jaque mate.*

Ah, pero no tan rápido, ¿eh? Puedo oler tu molestia desde aquí, un embriagador almizcle de *Vete a la mierda* con un toque de *No sea condescendiente conmigo, señora.* ¿Sientes que estás siendo hostigado para hacer algo que simplemente no puedes hacer, aunque sepas que es bueno para ti? Eso también lo entiendo. Por alguna razón, a veces es imposible recibir buenos y sólidos consejos de otras personas. Definitivamente, un riesgo laboral para *moi*.

Entonces, veamos tu problema de otra manera. Digamos, a través de la lente de mis veinte años, una época en la que las súplicas de mi entonces novio, ahora esposo, para que me hidratara después de cada tercer coctel, se sentían más como un regaño que como una sugerencia, y cuando, *aunque sabía que él tenía razón*, no me gustaba el tono que percibía como paternalista, ni sentirme presionada o preavergonzada por la resaca que vendría al día siguiente. Nop, no había mejor manera de activar la cara de No-puedes-obligarme que decirle a Sarah Knight con algunos vodka tonic encima cosas como «deberías beber un poco de agua».

¿Me arrepentía a la mañana siguiente? Sí. ¿Seguía su consejo a la siguiente ocasión? No, era un círculo vicioso, con limón extra.

Entonces, un bendecido día, un amigo me presentó el concepto de «espaciador» y todo cambió. No se trataba de un estúpido vaso de estúpida agua que alguien más me *decía* que bebiera. ¡No, es un espaciador! ¡Tiene un nombre divertido! Y puedo controlar mi propia narrativa acercándome a la barra y ordenando uno. Mi espaciador, mi elección.

¿A dónde diablos, ya puedes estar pensando, *va ella con todo esto?*

Bueno, además de haberte presentado la segunda pepita más útil en todo este libro, yo diría que decidir tener un espaciador es similar a decidir irse a dormir. En términos de estar en un estado en el que sabes lo que debes hacer, pero no aprecias que te digan que lo hagas, «alcoholizado» es bastante similar a «azotado en un frenesí ansioso e insomne», ¿no es así?

Entiendo tu punto. Pero ¿qué pasa si no puedo quedarme dormido, aunque estoy de acuerdo en que es lo mejor para mí?

Bien, me alegro de que estemos llegando a algo. Porque creo, basada en una amplia experiencia personal, que PUEDES irte a la tierra de los sueños si abordas la tarea de manera diferente a como lo has hecho hasta ahora. Si tomas el control de la narrativa. Si tratas de «irte a dormir» como si pidieras un espaciador o marcaras como listo un elemento en esa lista de tareas pendientes. Pones tu mente en lograrlo y, por lo tanto, en el *sentimiento de realización* en lugar de sentirte como un fracasado muy cansado.

Pero no vas a estar allí para recordarme esta valiosa pepita todas las noches, cuando mi cerebro se acelere... e incluso si estuvieras, sigues sonando un poco engreída con todo este asunto, para ser honesto.

Anotado. Pero ¿recuerdas al tú de esta noche y al tú de mañana? Han estado esperando entre bastidores el gran final...

Una noche, mientras daba vueltas y vueltas como uno de esos peces chinos que leen la fortuna, mi esposo me miró y dijo: **«Sarah de esta noche tiene como trabajo irse a dormir. Sarah de mañana podrá lidiar con esta mierda mañana».**

Así que lo pensé de esa manera y le di a mi yo de esta noche sus órdenes de marcha.

¡Y funcionó!

Tal vez él lo adaptó del truco del espaciador cuando vio con cuánta eficacia atravesó mis defensas, o tal vez me casé con un maldito mago, pero de cualquier manera no importa porque, desde entonces, he podido replantear la conversación no-consigo-dormir —CONMIGO MISMA— y **cambiar mi enfoque de no ser** capaz de hacer lo único que tanto *deseo* hacer, a hacer lo único que *puedo* hacer.

Y, ya sabes, siempre he confiado en el yo de mañana para que se encargue de las tareas de mañana, suponiendo que consiga dormir lo suficiente. Ahora reconozco que el trabajo del yo de esta noche es llevarla hasta la línea de salida en buenas condiciones.

Hablando de prestidigitación de la mente. Sip. Definitivamente me casé con un mago.

Pero bueno, no tienes que tomarlo de nosotros. Tómalo del tú de esta noche... el tú de mañana te lo agradecerá.

Cómo dejar de estar triste por algo

¿Cuál es otra palabra para afligido, triste, sombrío, desolado, abatido y deprimido? HERIDO. Estás herido. Y entonces, necesitas curarte. Concédete una cantidad razonable de tiempo y energía para estar triste por cualquier mierda que te tenga preocupado y lloroso.

Luego, enjaula a tus cachorros emocionales y revuélcate de manera prolongada con una inyección de AUTO-CUIDADO.

La risa es la mejor medicina: al igual que «Relájate un chingo», la frase «Alegra esa cara» es un consejo que con frecuencia no será muy bien recibido por una persona que se encuentre en medio de un trastorno. Lo sé, pero lo diré de cualquier manera, porque esa mierda *funciona*. Por ejemplo, cuando me siento completamente abatida, el baile de tributo / *lip sync* de C + C Music Factory patentado por cierta persona siempre me trae de vuelta del abismo. Si algo te deprime, busca ayuda en cosas que en verdad te animen. Fotos de gatos. Videos de personas saliendo de la anestesia. ¿Quizás una, denominada acertadamente, «película para sentirse bien»? Cualquier cosa de la saga *Notas perfectas* es aplicable.

Incluso si este truco logra que dejes de preocuparte solo por la duración de una canción (en mi caso, «Things that make you go Hmmm...»), dejaste de preocuparte, ¿no es así? ¡Progreso!

Te vas a dar un gusto: cuando alguien más está triste, ya sea que esté afligido o recuperándose, es probable que vayas a verlo con algo de comida preparada para ayudarle a superar lo peor: un guisado, galletas, una cesta de frutas. ¿Por qué no mostrarte a ti la misma amabilidad? Tu gusto no tiene que ser a base de comida: a algunos nos gusta ahogar nuestros sentimientos con comida; algunos preferimos que un corpulento salvadoreño de nombre Javier

---

Cinco cosas de las que dejé de preocuparme mientras comía una barra de chocolate tamaño familiar

Exámenes finales

Truenos

Deuda de tarjeta de crédito

Proliferación nuclear

Esa rata que vi afuera de la tienda donde compré los chocolates.

nos masajee. Entonces, haz contigo lo mismo que harías con los demás y cambia esas preocupaciones por un viaje a tu pastelería favorita o por una hora de trabajo en hombros de parte de Javi. Delicioso de cualquier manera.

Cómo dejar de estar enojado por algo

Exhalar como una perra, gritando «¡Cierra tu maldita boca!» cada cinco minutos y clavar una escoba a través del agujero en la cerca que separa tu jardín del nuevo gallo mascota del vecino es una forma de pasar el tiempo, pero no es un buen uso a largo plazo de los fondos del trastorno. Confía en mí.

En cambio, relájate un chingo a través de redirigir ese tiempo y energía hacia actividades más PACÍFICAS.

Ejercítalo. Dije que no haría que interviniera el trabajo físico con tu despeje mental, pero a veces digo mentiras piadosas, como la señora que me depiló con cera el área del bikini por primera vez y me dijo que la peor parte ya había pasado, y luego se ocupó del centro. ¡¿QUÉ CARAJOS, SEÑORA?!

Pero estoy divagando.

La serotonina, conocida como «la hormona de la felicidad», se puede estimular de manera natural de muchas formas, incluido el ejercicio. Pero eso no tiene por qué significar que debas arrastrar tu trasero hasta el gimnasio, *per se*. Por supuesto, puedes agotar tu rabia en la cinta de correr o hacer abdominales para calmarte; si eso funciona para ti, que así sea. Incluso yo a veces disfruto de un paseo de bajo impacto por la playa para despejar mi mente de pensamientos gallicidas. ¿Tienes una escalera en tu oficina? Súbela y bájala hasta que ya no quieras abrirle un nuevo agujero en el trasero a tu jefe con su propio alfiler de corbata. ¿Hay un terreno vacío al final de la calle? ¡Haz ruedas de carro! ¿Hay un terreno vacío al final de la calle al amparo de la noche? HAZ RUEDAS DE CARRO DESNUDO.

Trama tu venganza. Con suerte, no revocarán mi tarjeta de gurú por esto, pero digamos que vives en el piso de abajo de Carl y sus fiestas nocturnas de drogas, y cada mañana tu ira aumenta justo cuando él y su pandilla por fin caen en un sueño influido por la resaca. En lugar de hervir hasta quemarte, podrías considerar animarte catalogando mentalmente las formas de pagar la amabilidad de tus vecinos. No tienes que hacer nada... tan solo pensar en el caos que *podrías* infligir a tus enemigos es un gran estímulo para el ánimo. (Aunque «accidentalmente» volcar una botella de jugo de almejas en la ventanilla abierta del auto de Carl de camino al trabajo también es divertido).

Cinco formas de venganza en las que es divertido pensar

Escribir el número de teléfono de tu enemigo y un «servicio» asociado en la pared del baño de un bar de mala fama.

O como en cincuenta baños de bares de mala fama.

Solicitar una llamada de despertador a las 4:00 a. m. a la habitación de hotel de tu enemigo.

Enviar a tu enemigo una caja de pimienta negra suelta.

Llenar los bolsillos de los pantalones de tu enemigo con chicle justo antes de que se vayan a lavar.

Cómo dejar de evadir algo

Si la ansiedad te lleva a pensar demasiado, a sentirte abrumado, a un modo de sobreestimulación, entonces la evasión te envía exactamente en la dirección opuesta. Tus preocupaciones te han paralizado con la inacción, la indecisión y la incapacidad para lidiar. Puedes *pensar* que estás ahorrando fondos del trastorno con toda esta inactividad, pero en realidad estás perdiendo mucho tiempo que, de lo contrario, podrías gastar en limpiar la mierda de tu plato. Esta es la diferencia entre la siesta como un autocuidado saludable y la siesta como un mecanismo de defensa poco saludable. No nos arruinemos la siesta, ¿de acuerdo?

En su lugar, prueba estas alternativas ACTIVAS para encontrar tu talla:

Alarmarte. Si estás posponiendo algo —por ejemplo, tener «la charla» con tu hijo adolescente—, usa la función de alarma en tu teléfono inteligente o en tu reloj para que te lo recuerde diez veces al día hasta que prefieras desenrollar un condón en un plátano antes que escuchar ese infernal tintineo UNA VEZ MÁS. Incluso si te acobardas una vez más, te habrás obligado a reconocer la situación con cada pitido de tu alarma, y eso es la mitad de la batalla.

(En realidad, si has prestado atención, es el primer tercio de la batalla. El segundo tercio es *aceptar* que no puedes controlar la libido de un chico de 15 años, y el último tercio es *ocuparte* de la parte que sí puedes controlar: enseñar sexo seguro, con profilácticos y alimentos fálicos. De nada).

Proponer un intercambio. Si eres del tipo modo avestruz, apuesto a que estás evadiendo varias cosas a la vez. Oh, ¿estoy en lo cierto? Es curioso cómo funciona eso. Bueno, al igual que enfocarte en una sola tormenta de mierda que te induce ansiedad a la vez ayuda a despejar la cubierta de otro conjunto de preocupaciones (ver: Elige o pierde), podrías hacer un trato contigo mismo para solo *evadir* una cosa a la vez. Por ejemplo, si estás evadiendo ir al médico para que te revisen ese lunar sospechoso, no estás autorizado a TAMBIÉN evadir hacer el balance de tu chequera.

Si bien es cierto que es posible que estés evadiendo cada una de estas actividades porque también deseas evadir «recibir malas noticias», debo señalar que cerrar los ojos, tapar los oídos y cantar «Nah nah nah nah» nunca detuvo un huracán en su camino a tocar tierra, y no va a detener la tormenta de mierda total de cáncer de piel o la bancarrota. Enfrenta el miedo detrás de la preocupación ahora, para que al menos tengas la oportunidad de lidiar con ello si resulta estar justificado.

¿La prestidigitación de la mente es un poco truculenta? Tal vez. Pero debes admitir que es difícil trastornarte mientras te diviertes, ya sea que te rías de una película tonta, saborees un bocadillo sabroso o te concentres en sacar hasta la última gota de jugo de almejas de la botella mientras se absorbe en lo más profundo de la tapicería de un Subaru.

Y si ustedes, avestruces, siguieron mi consejo y se pusieron en acción, bueno, es posible que aún estén un poco preocupados mientras se sientan en la sala de espera de su dermatólogo, pero tampoco lo están evadiendo. Yo lo llamo una victoria.

OPCIÓN SECRETA C

«Tan solo suelta, carajo» y «prestidigitación de la mente» son dos excelentes caminos hacia un tú más tranquilo y feliz. Muy recomendable. Pero, dependiendo de la persona y la preocupación, y de la correspondiente tormenta de mierda en cuestión, estos dos métodos por sí solos no siempre son suficientes. Lo entiendo. Y no estoy aquí para prepararte para el fracaso; si quisiera hacer eso, habría llamado el libro *Cómo razonar con un niño pequeño*.

Como tal, es hora de que haga una confesión.

A pesar de su poderoso *cobranding* con el método Sinpreocuparse y un hashtag *muy* fuerte, el método Sinpreocuparse puede ser un nombre ligeramente inapropiado.

Sin preocupaciones, como, ¿en realidad, cero? ¿Nunca? Quizás eso no sea posible en estricto sentido. Algunas veces, simplemente no puedes dejar de preocuparte o enfocarte en otras cosas. Algunas veces, tu probómetro está en el taller y tus preocupaciones permanecen omnipresentes, consumiéndolo todo.

Está bien, podemos trabajar con eso.

Al igual que la «procrastinación responsable» que detallé en *Arregla tu desmadre*, o el «buen egoísta» que se comenta en *You Do You*, **existe la «preocupación útil».**

Puedes abordarla para evitar que suceda lo que te preocupa, como podría ser, por ejemplo, una tormenta de mierda de categoría 1: muy improbable que pudiera ser arrastrada al mar con un ataque preventivo de tu parte.

O bien, podrías recurrir a algunas preocupaciones útiles para ayudarte a estar en mejor forma cuando la tormenta de mierda toque tierra, como en el caso de una categoría 5: inevitable. Es probable que haya mucho menos que limpiar si preparaste la casa y el jardín metafóricos de manera adecuada. (PD: ¿ya hiciste esa cita con el dermatólogo?).

Espera, ambos suenan como «lidiar con ello». ¿Ya pasaste a lo siguiente?

¡Bien por ti por prestar atención! Pero, en realidad, intento no adelantarme; da un mal ejemplo a mis lectores. No, lo que estoy a punto de enseñarte no es exactamente «lidiar con ello», lo cual cubriremos en la tercera parte, apropiadamente titulada: Lidia con ello. Este es una especie de paso intermedio.

Señoras y señores de la preocupación, les entrego...

Preocupación útil, funcional y fructífera (PUFF)

Hasta este punto, nuestro objetivo ha sido descartar las preocupaciones sobre la mierda que no puedes controlar, ahorrando tiempo, energía y dinero para lidiar con aquella que sí puedes controlar. Hemos estado **CONSERVANDO fondos del trastorno.**

Esa es una forma de hacerlo.

Si no puedes decidirte a desechar tus preocupaciones por completo, otra forma de calmarte es **CONVERTIR esas preo-**

cupaciones en acciones productivas y beneficiosas, asegurándote de que cualquier FT que distribuyas por adelantado se gaste con sabiduría. Estas te ayudarán (al menos) a *prepararte* para sobrevivir a la tormenta de mierda y, en el mejor de los casos, te ayudarán a prevenirla por completo.

Eso es lo que la convierte en una preocupación ÚTIL, FUNCIONAL Y FRUCTÍFERA. El impresionante acrónimo es solo un beneficio adicional. Así es como se desarrolla:

- ✔ Una vez que una tormenta de mierda ha sido clasificada y priorizada, el **método Sinpreocuparse** dicta que te preguntes: *¿puedo controlarla?*

- ✔ Si la respuesta es no, lo ideal es que ACEPTES que no puedes controlarla y deseches tal preocupación. Ese es el **paso 1: relájate un chingo.**

- ✔ Si la respuesta es *Sí, puedo controlarlo*, entonces ¡bravo!, puedes ir directamente al **paso 2: lidia con ello**, organizando tu respuesta.

- ✔ Sin embargo, si la respuesta es *No, no puedo controlarlo*, *¡PERO TAMPOCO PUEDO DEJAR DE PREOCUPARME O DISTRAERME CON OTRAS COSAS!*, entonces es hora de hacer algo de **preocupación útil, funcional y fructífera**.

Como ejemplo, examinemos una tormenta de mierda perpetuamente remota ofrecida por un padre ansioso en mi cuenta de Twitter:

¿Y si me equivoco con mis hijos y los convierto en malas personas?

Esta es una preocupación grande y compleja que causa a muchos padres un bajo nivel de ansiedad todos los días, además de ocasionales episodios de trastornos.

¡Desafío aceptado!

Primero, entiendo por completo la razón por la que muchos de ellos no pueden «tan solo soltar, carajo». Y entiendo que puede ser difícil emplear la prestidigitación de la mente y enfocarte en otras cosas durante la crianza. De hecho, tal vez no deberías distraerte demasiado. Sobre todo, en el patio de recreo. Los accidentes ocurren.

Pero sugiero humildemente que lo que *podrías* hacer, si estás constantemente preocupado por equivocarte con tus hijos y convertirlos en malas personas —y no puedes dejar pasar esa preocupación— es gastar tu tiempo, energía y dinero en ser el mejor padre que, personalmente, puedas ser.

No tienes el control total sobre si tus hijos resultan malas personas. En algún momento, eso dependerá de ellos. **Pero puedes complacer a tus preocupaciones y, *al mismo tiempo*, contribuir a la causa** participando en tácticas de crianza de los hijos que están objetivamente comprobadas para dar resultados positivos, como leerles a tus hijos, decirles que los amas y que estás orgulloso de ellos, y enseñarles a decir «por favor» y «gracias», y a no patear arena hacia mí en la playa.

Al menos, si estás tomando estas acciones **—que no cambian tu enfoque a través de la prestidigitación de la mente,** sino que están *directamente relacionadas* con la preocu-pación en cuestión—, es posible que todavía sigas pensando en ello, pero también sabes que estás haciendo lo que puedes para ayudar a tus hijos a convertirse en buenas personas.

Eso es PUFF en pocas palabras. No es el peor consejo que hayas recibido, si se me permite decirlo. (Tampoco es la primera vez que lo menciono aquí en este mismo libro. ¿Recuerdas al Tipo del sombrero realmente genial? Ese era una PUFF, solo que aún no lo sabías).

¿No puedes dejar de preocuparte? Bueno. ¡Preocúpate! Pero haz que valga la pena.

ENVIAR UNA TORMENTA DE MIERDA AL MAR

Como alguien que una vez se mantuvo pegada al canal del clima durante diez días mientras dos huracanes de categoría 5 trazaban un rumbo de colisión con mi hogar, en una frágil península del Caribe, sé que no hay mayor alivio que ver una tormenta monstruosa aparentemente inevitable desviarse en el último momento posible.

Pero, por supuesto, esas casi colisiones se debieron a pura suerte: como los puertorriqueños saben muy bien, tanto la Madre Naturaleza como cierto líder mundial son propensos al capricho cuando se trata de provocar el caos y la destrucción de un pueblo.

Sin embargo, cuando hay una *tormenta de mierda* en el radar —y una probabilidad baja—, es posible que puedas diseñar un descenso de grado. A veces puedes cambiar la lectura del probómetro de un 2 o 1 a un pequeño ciclón tropical de mierda inofensivo antes de que puedas decir: «Yo presidí y contribuí directamente a la peor crisis humanitaria que Estados Unidos ha visto desde la Guerra Civil».

Hay dos formas diferentes de prevenir que una ya poco probable tormenta de mierda toque tierra:

1. Actuar (PUFF).
2. No hacer nada (contradictorio, lo sé. Tengan paciencia).

Cada uno tiene su lugar; decidir implementar una u otra es tan solo cuestión de reconocer lo que puedes controlar y luego actuar (o no actuar) en consecuencia. Por ejemplo:

¿Y si?	Acción que podrías tomar	Desenlace
Gasto miles de dólares para pintar mi casa y, ya visto a gran escala, ¿el color resulta feo?	Tienen aplicaciones y simuladores en línea para esto. Haz tu investigación. (Lo mismo ocurre con los cortes de cabello drásticos, por cierto).	No hay sorpresas.

¿Y si?	Acción que podrías tomar	Desenlace
¿Y si a mi esposa no le gusta el regalo que le compré para nuestro 25 aniversario?	¡Eres tan dulce! Pídele a la amiga más confiable de tu esposa que te ayude a comprar algo o que investigue con astucia algunas ideas de su mejor amiga mientras toman un café. También: DIAMANTES.	Esposa feliz, vida feliz.
¿Y si me mareo en mi primer viaje en barco, que también es mi mejor oportunidad para impresionar a un cliente en su catamarán privado?	Dramamine, por la victoria.	Tus galletas permanecen intactas.

En cada escenario de la columna A, es poco probable que la tormenta de mierda total evolucione, pero si sabes que te vas a preocupar por ello de cualquier manera, puedes tomar medidas para prevenirla.

Si te gusta ese tono de azul en pequeña escala, es probable que te guste en tamaño dos pisos, pero vale la pena que te asegures de antemano. Si has estado casado durante 25 años, tal vez ya tengas un buen conocimiento del gusto de tu amada, pero pedir refuerzos solo puede mejorar tus posibilidades de un: «Oh, Dios mío, ¡¿cómo lo supiste?!» entre lágrimas. (Quizá también mejore tus posibilidades de obtener algo más, si sabes a qué me refiero...). Y no todo el mundo experimenta mareos con el movimiento, pero no tiene sentido descubrir que tú sí eres susceptible justo en el momento en que intentas cerrar un acuerdo. «Vomita sobre los clientes» no se vería bien en tu perfil de LinkedIn.

Claro, estos son problemas de bajo nivel con soluciones bastante fáciles y evidentes, pero eso es lo que los hizo poco probables al principio. Si eres el tipo de persona a quien le preocupa que sucedan cosas poco probables, acabas de ganar la perspectiva de borrar algunas categorías 1 y 2 de la pantalla antes del desayuno. No está nada mal.

Tu otra opción para evitar una tormenta de mierda es no hacer nada en absoluto.

Sí, lo sé, antes abogué por actuar a fin de prevenir un trastorno, pero ahora estamos hablando del *problema en sí*, no de *tu reacción a este*. Si puedes lanzar la tormenta de mierda al mar realizando CERO acciones, el trastorno se vuelve irrelevante de cualquier forma.

Digamos que te preocupa mucho la posibilidad de un embarazo no deseado. Si usas anticonceptivos con regularidad (y de manera adecuada), entonces *¿Y si quedo embarazada?* ya debería ser una categoría I: muy improbable; pero si realmente no puedes permitirte ningún margen de error, sé justo lo que necesitas para cortar a ese feto de raíz.

¡Abstinencia! Estoy hablando de abstinencia, chicos. Jesús.

Oye, si te importa tanto el sexo como a mí el esquí, entonces no hacer nada funciona por completo. Aléjate entre gruñidos, pero es verdad, ¿no es así? De hecho, no hay límite para las cosas que podrías no hacer *nunca* si *nunca* quieres arriesgarte a un posible mal desenlace, **siempre y cuando valga la pena el sacrificio de lo que sea a lo que estás renunciando.**

Por ejemplo:

Podrías nunca hacer canotaje para no volcarte en una canoa y ahogarte. Hay otras formas de cruzar un cuerpo de agua. Los puentes, por ejemplo.

Podrías nunca manejar fuegos artificiales, de manera que nunca tengas un extraño accidente con una vela romana. Ya sabes lo que dicen: todo es risas y diversión hasta que alguien tiene que adaptarse a un ojo de cristal.

O podrías nunca acceder a recuperar la piedra sagrada Shiva Lingam para los aldeanos de Mayapore y, por lo tanto, nunca te verás obligado a beber la sangre de Kali y casi morir a manos de un maharajá prepúber en un lejano templo de la perdición. Pan comido.

¿Percibes un poco de sarcasmo? Bien. Estás en lo correcto. Porque lo que no es útil es *nunca hacer nada* porque tienes miedo de un desenlace tan improbable que en realidad te estarías haciendo un flaco favor al evadirlo por completo.

O para decirlo de otra manera, **estar paralizado por la ansiedad no es una forma de vivir.**

Houston, tenemos un miedo irracional

Me gustaría ofrecerte un escenario adicional de situaciones «y si» que es cercano y querido para mi corazón, y que **podría brindarte una nueva forma de ver algo que tal vez durante mucho tiempo has considerado un problema insuperable.** O este podría ser el punto del libro en el que resoplas con desdén, proclamas que soy una maldita idiota y sigues tu alegre camino. Es tu mundo, ardilla.

Por el bien de la discusión, imaginemos que estás viajando de Nueva York a Nuevo México, y te preocupa que este dirigible de la muerte de la aerolínea Delta esté destinado a caer sobre los Grandes Lagos y llevarte a ti y a otras 114 presas fáciles con él.

El primer paso para evitar un ataque de pánico en la Terminal A es categorizar la potencial tormenta de mierda en cuestión (morir en un accidente aéreo) **y reconocer que no es *probable*.**

A saber: las probabilidades de morir en un accidente de avión son de una en once millones, lo que lo hace menos probable que ser asesinado por un tiburón (una en ocho millones), morir en un crucero (una en 6.2 millones) o ser golpeado por un rayo (una en doce mil).

Aquí se trata de una categoría 1: muy improbable. No hay dos formas de hacerlo. Además, incluso si tu 747 *está* destinado a caer del cielo como un dron operado por tu tío borracho Ronnie en un picnic de Shriners, **¿qué carajo vas a hacer al respecto?**[23]

A menos que planees abandonar tu carrera actual para pasar un par de años en la escuela de vuelo y convertirte en piloto, para lo cual tendrías que superar tu miedo a volar en primer lugar, **no puedes controlar la situación. Está 100% fuera de tus manos**.

¿Y esto qué significa?

ASÍ ES. Es una pérdida de tiempo y energía preocuparse por eso.

Si todavía quieres jugar al abogado del diablo, supongo que también podrías controlar la situación si no vuelas nunca a ningún lado, jamás; pero entonces también deberías dejar de conducir, montar a caballo, navegar, caminar o patinar en cualquier lugar, porque la probabilidad de muerte se eleva muchísimo cuanto más cerca de la Tierra viajas.

Dejemos de hablar de eso.

La cuestión es que sé que el miedo irracional a volar (o el miedo irracional a cualquier cosa, para el caso) es muy perturbador. Yo misma me aterrorizo por los viajes aéreos por todo tipo de razones que, cuando se examinan al débil resplandor de la luz de techo en el avión, no se sostienen.

---

[23] En este momento, me gustaría disculparme con cualquiera que haya comprado este libro en el aeropuerto para tener algo de lectura ligera de viaje.

Entonces, cuando me acomodo en el asiento 5A y miro por el cañón de un salto a través del país para dar una conferencia en la Corporación Marriott sobre cómo arreglar su desmadre, contrarresto este pernicioso «y si» con una gran dosis de *¿Hay una sola maldita cosa que puedas hacer para evitar que este avión explote, se desmorone o caiga del cielo? ¿No? Entonces, relájate un chingo y preocúpate por algo que puedas controlar, como escribir tu discurso como una profesional en algunas fichas y evitar derramar tu vodka tonic miniatura sobre ellas.*

También trato este caso particular de «y si» con 0.25 miligramos de Xanax, pero eso no viene al caso. Ni siquiera tuve una receta de Xanax durante los primeros treinta años de mi vida y de todos modos me subía a los aviones aun cuando me sentía muy ansiosa porque simplemente no es lógico o racional evadirlos por la eternidad; y, como dije antes, soy una persona muy lógica y racional.

La mayor parte del tiempo.

HOLA, SOY SARAH Y TENGO UNA ENFERMEDAD MENTAL (¡MÁS DE UNA, EN REALIDAD!)

Como habrás podido deducir, soy una defensora de una vida mejor no solo a través de la lógica, la razón y enjaular a los cachorros emocionales, sino también a través de los productos farmacéuticos. Además de emplear técnicas no químicas como respirar profundamente y caminar por la playa y balancear piñas sobre mi cabeza, tomo diferentes medicamentos diariamente y cuando la situación lo requiere para controlar mi ansiedad y mantener a raya los ataques de pánico. Y LOS TOMO PORQUE FUNCIONAN. Las píldoras no son para todos, por supuesto, y tampoco lo son la meditación o la terapia electroconvulsiva. Pero quiero hablar sobre esto a fin de hacer mi pequeña contribución para ayudar a erradicar el estigma que rodea a los problemas de salud mental y recibir tratamiento para ellos. La enfermedad mental es como cualquier otra enfermedad, y si ese es tu problema subyacente, no mereces que te avergüencen ni te avergüences por ello.

Listo, lo dije. Ahora volvamos a nuestro menú regular de absurdos hipotéticos, chistes sucios y metáforas meteorológicas.

LA CALMA ANTES DE LA TORMENTA DE MIERDA

En este punto de nuestro viaje —una palabra que uso con el mayor de los sarcasmos—, espero que te sientas realmente bien con tus perspectivas para relajarte un chingo.

- ✔ Has sido armado con el conocimiento y las herramientas para establecer **prioridades**.
- ✔ Entiendes el concepto de **control** y **qué significa aceptar lo que no puedes controlar**.

✔ Y te he presentado muchas técnicas para **desechar, distraerte o convertir tus «y si» y tus preocupaciones** como un jefe, y **evitar los trastornos** en el camino.

Por tanto, ahora es el momento en que ponemos en práctica todo lo que has aprendido.

Para mostrarles cómo se hace, voy a volver a los «y si» de la lista que hice al inicio de la segunda parte. Ya les expliqué mi proceso de pensamiento para categorizar cada una de esas posibles tormentas de mierda. Allá es donde las RECONOCÍ. Aquí voy a ir más allá, preguntándome qué partes de estas posibles tormentas de mierda puedo controlar, y luego ACEPTANDO las respuestas, también conocidas como la realidad de mi(s) situación(es).

Empezaremos en la parte inferior de la Escala de Tormenta de Mierda con mis categorías 1 y 2, y seguiremos escalando.

Diez situaciones «y si» de las que podría o no necesitar preocuparme: ¿puedo controlarlas?

Categoría 1: muy improbable

Y si...

✔ **Aparecen más tarántulas en mi casa**

¿Puedo controlarlo? Nop. En la escala móvil de control, esto es un «fuera de mis manos» por toda la eternidad.

Cuando se trata de preocuparme por las tarántulas, tan solo voy a soltar. (Y si Lucky regresa por tercera vez, creo que será oficialmente nuestra mascota).

✔ Pido una pizza diferente a la habitual y no está muy buena

¿Puedo controlarlo? Sí, pero esa es exactamente la razón por la que es muy poco probable que suceda en primer lugar. Cada examen de práctica tiene una pregunta capciosa.

✔ Me presento para dar una conferencia y fracaso rotundamente

¿Puedo controlarlo? De nuevo, sí, pero la forma de controlar este desenlace no es preocupándome por que pudiera fallar. Es gastando mi tiempo y energía en preparar una gran conferencia y ensayándola hasta dominarla. PUFF. ¡Muy útil! ¡Muy funcional! ¡Muy fructífero! (Y claro, hay una primera vez para todo, pero si me preocupara por eso ya habría gastado todos mis fondos del trastorno en *¿Y si los extraterrestres invaden la Tierra y nos convierten en sus perras espaciales?* desde hace mucho tiempo).

Categoría 2: posible pero no probable

Y si...

✔ **La llave de mi casa se queda atascada en la puerta**

¿Puedo controlarlo? Dado que no sé por qué sucedió la primera vez, no hay nada que pueda hacer para asegurarme de que no vuelva a suceder, salvo dejar de cerrar la casa por completo, lo que invita a una tormenta de mierda de otro tipo. No, no puedo controlarlo, así que descartaré esas preocupaciones y guardaré mis fondos para llevar a cabo algo como un allanamiento de morada si es necesario.

✔ **Una palmera cae sobre mi techo**

¿Puedo controlarlo? Nop. (Técnicamente, podría gastar algo de tiempo, energía y dinero en una preocupación útil, funcional y fructífera, y cortar los dos árboles que están muy cerca, antes de que puedan jodernos, pero crecen en el jardín de la vecina y no creo que a ella le resultara agradable; además, no podría verlos todos los días mientras me mezo en mi piscina). Los fondos del trastorno permanecen intactos... por ahora.

✔ **Tengo un accidente automovilístico en la sinuosa carretera de montaña que lleva al aeropuerto**

¿Puedo controlarlo? Esta es una situación de «contribuir a la causa». Las razones de la diferencia entre la cantidad

de fondos del trastorno que doy a presentarme para dar una conferencia (muchos) frente al regreso de Lucky (ninguno) frente al transporte al aeropuerto (algunos) son simples: en mi preparación relativa para un discurso, puedo influir mucho. Pero no puedo hacer nada para mantener fuera a la tarántula. Las arañas se comportan como arañas. Mientras que en la carretera del aeropuerto, aunque yo no estoy conduciendo el auto ni influyendo *directamente* en el viaje, puedo controlar que solo reservemos vuelos para viajar durante las horas de sol, y no soy tímida para pedirle al conductor que reduzca la velocidad o se detenga si comienza a llover a cántaros. Controla lo que puedes, acepta lo que no puedes y usa el cinturón de seguridad.

✔ Mi editor odia este capítulo

¿Puedo controlarlo? Definitivamente, puedo influir mucho en este desenlace al no enviarle a Mike una porquería; pero, de nuevo, su opinión es solo suya. Sin embargo, una cosa es segura: si estoy aquí sentada, obsesionada por lo que él podría pensar sobre algo que le he enviado, entonces me estoy quitando tiempo para terminar el resto del libro, lo cual posiblemente llevará a un peor desenlace, dado que ya tengo una fecha límite de entrega. Así que elegí presionar ENVIAR y **convertir esas preocupaciones** (de manera útil, funcional y fructífera) en «escribir más capítulos». Luego, en la remota posibilidad de que él sí odie este, gastaré mis FT pidiendo una pizza grande perfec-

tamente cubierta, mientras me relajo un chingo y lidio con las revisiones.

Et voilà! Con siete situaciones «y si» poco probables en mi radar, he **CONSERVADO** mis fondos del trastorno al desechar mis preocupaciones sobre cuatro de ellas (tarántulas, pizza mala, llaves atascadas, palmas caídas) y **CONVERTIDO** fondos a través de la preocupación útil, funcional y fructífera en el caso de otras tres (fallas en mi conferencia, cinturones de seguridad, capítulos posteriores).

Todavía tengo muchos FT en reserva para tormentas de mierda totales, si ocurren (categorías 3 y 4) y cuando (categoría 5) ocurran.

Categoría 3: probable

Y si...

✔ **Arruino por completo mis shorts favoritos con estampado de piña al sentarme en algo desagradable**

¿Puedo controlarlo? Eh... puedo influir mucho en este desenlace al observar dónde me siento, pero no quiero que ese sea mi trabajo de tiempo completo, así que he decidido soltar esto. Hasta ahora, el agua mineral y el jabón para platos han evitado la ruina, pero es probable que algún día los shorts sean insalvables, momento en el que gastaré $16 dólares de los fondos del trastorno para conseguir otros en

Target y reiniciar el reloj. Descartada esa preocupación por ahora.

Categoría 4: muy probable

Y si...

✔ **Llueve en mi día libre que quería pasar en la playa**

¿Puedo controlarlo? Esto es un rotundo «no» en cuanto al clima en sí mismo y un «apenas» en términos de prede-cirlo. Las aplicaciones meteorológicas bien podrían estar hechas de viejas latas de sopa y cuerdas por la poca ayuda que me brindan aquí. Este es un ejemplo perfecto de una tormenta de mierda de la cual, a pesar de su alto nivel de probabilidad, no tiene sentido preocuparse. (En este caso, una buena y gran piña colada hace maravillas con mi acti-tud. El autocuidado mediante cocteles es totalmente vá-lido si así lo deseas).

Categoría 5: inevitable

Y si...

✔ **Mis gatos mueren**

¿Puedo controlarlo? Nop. Esa es la cosa con «la espe-ranza promedio de vida». ¿Debería gastar FT preocupán-

dome por eso? ¡Diablos, no! He sufrido la muerte de un par de mascotas en mi vida y es horrible. Cuando vuelva a suceder, estaré muy triste, pero me ocuparé de eso en *ese momento*. Lo que no voy a hacer es asustarme de forma preventiva ni dejar de rodearme de amigos felinos solo porque un día tendré que decidir dónde exhibir sus cenizas o si los voy a disecar y montar encima de la mesa del comedor en contra de las enérgicas objeciones de mi marido.

Ahora inténtalo tú con la misma lista de situaciones «y si» que hiciste en la página 96 y que ya ordenaste por categoría. Utiliza estas preguntas como tu guía:

- ✔ ¿Puedo *controlarlo*?

- ✔ Si no, ¿puedo *aceptar* esa realidad, dejar de preocuparme por ella y conservar los fondos del trastorno?

- ✔ Si no puedo dejar de preocuparme por eso, ¿puedo convertir los fondos del trastorno en preocupaciones útiles, funcionales y fructíferas que lo evitarán o mitigarán?

DIEZ SITUACIONES «Y SI» DE LAS QUE PODRÍA O NO NECESITAR PREOCUPARME: ¿PUEDO CONTROLARLAS?

Categoría: _____

¿Puedo controlarlo? [Sí] [No]

Categoría: _____

¿Puedo controlarlo? [Sí] [No]

Categoría: _____

¿Puedo controlarlo? [Sí] [No]

Categoría: _____

¿Puedo controlarlo? [Sí] [No]

Categoría: _____

¿Puedo controlarlo? [Sí] [No]

Categoría: _____

¿Puedo controlarlo? [Sí] [No]

Categoría: _____

¿Puedo controlarlo? [Sí] [No]

Categoría: _____

¿Puedo controlarlo? [Sí] [No]

Categoría: _____

¿Puedo controlarlo? [Sí] [No]

Categoría: _____

¿Puedo controlarlo? [Sí] [No]

¿Te sientes un poco más, me atrevo a decirlo, en control? Eso espero, y espero que hacer la pregunta única para dominar todas se convierta en un elemento vibrante de tu proceso cotidiano.

Ciertamente lo ha sido para mí; calculo que, como resultado, soy alrededor de 75% menos loca.

De hecho, en los últimos tiempos ha sido especialmente útil poder categorizar mis «y si» y soltar las cosas que no puedo controlar. ¿Has estado viendo CNN? Me sorprende que la cintilla debajo de la cara escéptica de Jake Tapper no diga solo «ESTO ES UNA LOCURA» en una repetición infinita. Cuando casi cada hora de cada día sale a la luz una nueva humillación que Estados Unidos y/o el resto del mundo han soportado en las diminutas garras de un aspirante a mafioso segundón, bueno, es útil tener algunos mecanismos de defensa firmemente establecidos.

HOY LEÍ LAS NOTICIAS, MADRE MÍA

No hacía falta ser una maestra en guruismo para discernir que, al momento de escribir este artículo, la gente de todo el mundo tiene más necesidad que nunca de relajarse un chingo.

Estados Unidos de América, como se mencionó, son un espectáculo de mierda total. El presidente es un narcisista desquiciado,[24] el partido político gobernante está compuesto en gran parte por unos cobardes bobalicones, y la atención médica asequible no es más que una alucinación colectiva, cuyo tratamiento no cubre tu compañía de seguros.

¿Inglaterra y el resto del Reino Unido [por ahora]? Tampoco les va muy bien. Quizá te hayas dado cuenta. De hecho, si miras

---

[24] N. del E.: la obra original en inglés se publicó en 2018, cuando Donald Trump era presidente (para disgusto y vergüenza de muchos de sus connacionales).

las noticias, o tan solo te desplazas por Twitter, parece que todos los continentes están experimentando fascismo, xenofobia y el aumento del nivel del mar... o el declive de los icebergs, las abejas y las libertades civiles.

Puaj.

No sé si en realidad están sucediendo *más* guerras, epidemias, condiciones climáticas extremas o una desalentadora regresión cultural que nunca antes, pero sí sé que somos más *conscientes de ello*, porque la tecnología se ha encargado de que los humanos no puedan estar un milisegundo sin enterarse del último tiroteo en la escuela, el ataque terrorista, la intromisión electoral o el encuentro entre malvados dictadores empeñados en destruir la civilización occidental.

Doble PUAJ.

Es un problema, y espero que este libro te ayude a abordarlo de alguna manera, pequeña pero significativa, escribe ella, ya que el derecho de la mujer a la autonomía corporal está perpetuamente en juego.

RE. CONTRA. PUAAAAJ.

¿Qué hacer? Bueno, como todavía creo en los beneficios de una ciudadanía informada / enfurecida, me temo que no puedo abogar personalmente por el modo Avestruz Total, también conocido como «no consumir las noticias en absoluto». ¿Pero algunos pequeños episodios de modo avestruz al servicio de una mierda que no puedes controlar? Lo permitiré. ¡Vamos, mete esa cara entre las almohadas y balancea ese trasero en el aire!

En cuanto a la ira, tienes derecho. Soltar un aullido a pleno pulmón mientras tu cara está entre las almohadas puede ser satisfactorio. Ya sabes, si se te antoja. Y si puedes canalizar tu ira en algo productivo, tanto mejor; algo como, si después de arrojar todos los envases de vidrio de tu casa contra la pared como si fuera un viejo blanco que intenta robar el futuro de tus hijos, los sacas para reciclaje. Aplasta el patriarcado, salva el planeta.

Cuando hayas terminado —y lejos de tan solo esperar que las cosas mejoren o que puedas gritarles en tono primitivo hasta que se sometan—, **hay otras formas de contrarrestar los sentimientos de impotencia** que podrías tener cuando te bombardeen diariamente con lo peor que los medios tienen para ofrecer. En lugar de desplazarte por sus noticias cada noche antes de acostarte y soñar que se te caen los dientes, tal vez podrías probar una de las siguientes **técnicas calmantes para recuperar el control.**

Me funcionan a mí, ¡y estoy tan desanimada como es posible por el desmoronamiento de la democracia y la devastadora crisis climática!

Cinco consejos para relajarte un chingo respecto al desmoronamiento del mundo

Limita tu exposición. Un ciudadano informado no tiene que estar recopilando información durante el desayuno, en el baño, a horcajadas en una bicicleta estática, durante sus desplazamientos diarios, ni justo antes de irse a dormir (o de intentar irse a dormir, vaya). Una descarga de noticias una vez al día debería ser suficiente para mantenerte informado sin también mantener tu presión arterial más elevada que Snoop Dogg.

Acto de equilibrio. Si no puedes eludir el ciclo de noticias de 24 horas, por cada @WashingtonPost que sigas, agrega una cuenta paliativa a la mezcla. Te recomiendo @PepitoTheCat, que son solo imágenes en blanco y negro con sello de tiempo de un gato en Francia entrando y saliendo por su puerta de gato, acompañado de los subtítulos «Pépito está saliendo» o «Pépito ha vuelto a casa». Me gusta desplazarme por la página de Pépito antes de acostarme. Es como contar ovejas, pero en su lugar estás contando al mismo gato francés una y otra vez. *Très* relajante.

Repasa. Podría parecer contradictorio, pero hacer una inmersión profunda en cualquier evento actual único que te esté causando el caso más grande de «y si», realmente puede ayudarte a vencer algunas de tus fantasías más paranoicas. Por ejemplo, investigar cómo funciona en verdad el «futbol nuclear» y saber que cierto presidente de mente débil tendría que memorizar cierta información a fin de lanzar un ataque, puede haber hecho maravillas en la capacidad de cierta persona para dejar de preocuparse [tanto] sobre la perspectiva de que esta particular nube de mierda con forma de hongo brote pronto.

Toma nota. Redactar una rabiosa carta a un líder mundial, un representante local o, digamos, la moralmente repugnante portavoz de la Asociación Nacional de Rifles (NRA, por sus siglas en inglés), Dana Loesch, puede ayudarte mucho a sacar el coraje. Está científicamente comprobado que llevar un diario te ayuda a calmarte al mover todos esos pensamientos ardientes y agitados de tu cabeza a la página. Y ni siquiera tienes que enviar tu rabiosa misiva para cosechar el beneficio momentáneo; pero, por el costo de un sello postal, sería bueno saber que esta alcanzará su objetivo previsto. O al menos amontonarse en su bandeja de entrada, que, en mi opinión, es un destino peor que la muerte.

Haz el bien. Cuando me siento impotente por el estado del mundo, una cosa que me reconforta es donar a una causa, ya sea un fondo de ayuda para desastres naturales, una organización benéfica local o simplemente una sola persona que necesita una mano. ¿Es mi privilegio económico el que habla? Claro, pero si gastar mis fondos de trastorno de esta manera me hace sentir mejor y ayuda a alguien menos afortunado, lo único que veo es un especial de dos por uno sobre buenas acciones. Y «dar» no requiere un desembolso de efectivo. Tienes otros FT a tu disposición: el tiempo y la energía gastados en llamar a tus representantes para protestar contra prácticas de inmigración inhumanas, ser voluntario en Planificación Familiar o bosquejar algunos carteles de protesta y dar una caminata rápida por el centro de la ciudad más cercana puede ayudarte a dormir mejor en más de un sentido.

Ahora, si me disculpas, mientras mi esposo mira las últimas travesuras del mono aullador naranja en MSNBC, yo debo vigilar el paradero de un gato francés.

(Pépito está saliendo).

AGITA LA MIERDA

De acuerdo, amigos. Estamos metidos en la segunda parte hasta el cuello. Confío en que estés empezando a ver que, **lógica y racionalmente, es poco probable que suceda gran parte de la mierda que te preocupa**, y que puedes hacer suficientes PUFF para asegurarte de que incluso las cosas más probables se puedan hacer menos terribles con un poco de esfuerzo de tu parte.

Solo no te pongas arrogante.

Sería negligente si no te advirtiera que **es posible engañarte a ti mismo *creyendo* que estás haciendo PUFF, cuando lo que en realidad estás haciendo es PROVOCAR QUE OCURRA UNA TORMENTA DE MIERDA.**

En términos psicológicos, «catastrofizar» es la creencia de que una situación es peor de lo que en verdad es. Y te prometí que no discutiría contigo sobre lo difícil que te resultan las cosas en este momento. Odio cuando la gente hace eso. Pero **si resulta que tú *sí* estás catastrofizando, es posible que también estés *creando tu propia catástrofe***, algo contra lo que puedo advertirte.

Así es: tienes la capacidad de enviar una tormenta de mierda al mar, pero también de conjurar una categoría 5 de la nada.

Por ejemplo, si tu amigo Andy no te ha respondido acerca de que tú uses su boleto extra para el juego de los Cachorros de mañana por la noche y estás paranoico porque podría estar enojado contigo aunque no haya dicho nada específico, tal vez le envíes un mensaje de texto del tipo: «Oye, amigo, ¿estás enojado porque escribí tu dirección de correo electrónico en esa hoja de registro de la Iglesia de la Cienciología? Lo siento, me rodearon cuando salía del gimnasio y entré en pánico. *Mea culpa*».

Y puede resultar que no estaba enojado contigo en absoluto (solo estaba ocupado eliminando su registro de la lista de correo de la Iglesia de la Cienciología). PERO AHORA LO ESTÁ.

Si te hubieras detenido a estudiar todos los datos disponibles, te habrías dado cuenta de que no había forma de que Andy supiera que tú eras el culpable del asunto. Si no le hubieras enviado un mensaje de pánico, él nunca habría sumado dos más Xenu[25] y tú estarías animando a tu equipo en primera fila: no hay pena sin delito.

En cambio, lo pensaste demasiado y ahora estás viendo el juego en televisión con tu buena amiga, la pizza congelada.

Otras veces, cuando una tormenta de mierda ya se está registrando como «inevitable», tus acciones pueden acelerar de manera significativa su llegada y amplificar sus efectos.

Históricamente, esto ha sido un pequeño problema para tu segura servidora. Por un lado, y como escribí en *You Do You*, mi tendencia natural hacia la ansiedad puede ser algo bueno de alguna manera. Me ayuda a planificar, porque puedo visualizar los peligros y las consecuencias de no hacerlo. Me ayuda a estar preparada, llegar a tiempo y, en general, estar al tanto de mis cosas.

---

[25] N. de la T.: la frase es un juego de palabras de la autora. De acuerdo con el fundador de la Iglesia de la Cienciología, Xenu fue el dictador galáctico que trajo millones de seres a la Tierra hace 75 000 000 de años en naves espaciales.

Pero, de vez en cuando, la ansiedad y el pensamiento excesivo que se desata, derriban un dominó que quizá nunca habría caído por sí solo.

Y luego me quedo recogiendo toda la maldita pila de fichas.

Eso no era una pastilla tranquilizante

Fue la semana de exámenes finales durante mi tercer año de universidad. Tenía que estudiar para los exámenes y escribir ensayos, y tanto mi tiempo como mi energía se estaban agotando. Hice toda la investigación para mi último ensayo, pero ya era temprano en la noche previa a la fecha de entrega. Mi computadora de escritorio de finales de los noventa solo estaba allí, juzgándome como Judy.[26]

Estaba mental y físicamente exhausta, al final de una cuerda ya raída. Sabía que no tenía la energía suficiente —y mucho menos, el tiempo— para salir de esto. Pero como una clásica estudiante destacada y seguidora de las normas, la perspectiva de no entregar una tarea a tiempo estaba simplemente fuera de discusión. No podía dejar de presentarme en la oficina de mi profesora a las 9:00 a. m. con una copia impresa en la mano y, con toda seguridad, no podía pedir una extensión para un *ensayo final*. ¡Eso sería una locura!

---

[26] N. de la T.: *La Juez Judy* es un popular programa que se ha transmitido por la cadena CBS en Estados Unidos desde 1996, donde la abogada Judy Sheindlin actúa como juez.

En este sentido, ya había empezado a volverme un poco loca, preocupada por lo que sucedería cuando arruinara esta tarea, y en la agonía del trastorno subsiguiente tomé una decisión muy mala en servicio de lo que *pensé* que era una preocupación útil, funcional y fructífera.

¿No puedes permanecer despierta durante el limitado número de horas que quedan para redactar un escrito que representará 25% de tu calificación final en un seminario universitario de Harvard?

Acepta dos píldoras misteriosas de un amigo, quien te dice: «¡Esto te mantendrá despierta y te ayudará a concentrarte!».

NARRADOR: la mantuvo despierta. No la ayudó a concentrarse.

Al amanecer, tenía resaca y me encontraba completamente derrotada y deshidratada tras una hora o algo así de sollozos inconsolables provocados por la comprensión de que definitivamente no terminaría este trabajo a tiempo. Desde que me tragué las píldoras misteriosas, había pasado diez horas cada vez más frenética, con el corazón golpeteando en mi pecho y mis dedos temblando sobre mi teclado, y paseando por mi dormitorio como una extra de *Orange Is the New Black*.

Ahora era el momento de tragarme algo más: mi orgullo.

Todavía extenuada y resollando, le envié un correo electrónico a mi profesora. En lugar de agravar mis pecados inventando una abuela muerta o una tendinitis severa, decidí decirle la verdad: que me había quedado sin tiempo y había intentado rectificar mi [primer] error con un influjo de energía, con lo que probablemente había sido Adderall. Estaba arrepentida y avergonzada, y había generado cuatro páginas de galimatías en lugar de quince de argumentos convincentes. Necesitaba un día extra.

Luego me derrumbé en mi futón y esperé a que sucediera lo inevitable.

Mi profesora no maldijo, no enfureció y tampoco amenazó con expulsarme. Tomó toda la situación de manera racional. Me concedió el tiempo extra y dijo que a la calificación que obtuviera por mérito, fuera la que fuera, tendría que rebajarle un punto por el retraso.

Bueno, eso fue... más fácil de lo que pensé que sería.

Todavía tenía que ocuparme de la tarea original, seguro. Pero mientras tanto, tuve que lidiar con la tormenta de mierda total que había convocado al trastornarme por la tarea original y tomar una muy mala decisión alimentada por la ansiedad. Si hubiera podido relajarme un chingo en primer lugar, podría haber perdido la fecha límite, pero habría pedido la extensión por adelantado; dormido bien por la noche; pasado el día siguiente escribiendo mi artículo con el cerebro fresco, y evitado el interludio de diez horas de llanto, temblores y paseos.

Además: habría evitado enviarle un correo electrónico a mi profesora a las seis de la mañana para decirle que TOMÉ DROGAS.

Así que ahí está.

ME ENCANTA QUE LOS PLANES CUAJEN

Antes de dar la vuelta a la esquina hacia la tercera parte: lidia con eso, siento una imperiosa necesidad de dejar bien claro el poder de todos los consejos y de las técnicas de la segunda parte. ¿Qué puedo decir? A veces simplemente no puedo dejar de hacerla de gurú.

En las próximas páginas tomaré una muestra de situaciones «y si», y te ayudaré a relajarte un chingo con respecto a ellas. Esto es lo que haremos:

- ✔ Asignar una categoría y un estatus a esta potencial tormenta de mierda.

- ✔ Determinar qué tanto control (si lo hay) puedes tener sobre los desenlaces.

- ✔ Aceptar la realidad de la situación.

- ✔ Descartar las preocupaciones derivadas de las partes que no puedes controlar.

- ✔ Gastar tus fondos del trastorno con sabiduría para prevenir, prepararte o mitigar los resultados del resto.

Incluso ofreceré una vista previa de cómo lidiar con ello, porque soy una antigurú de servicio completo y respeto las transiciones sutiles.

Primas categorizadas

Supongamos que, hipotéticamente, tienes dos primas llamadas Renée y Julie. Hace poco, Renée publicó algo desagradable en Facebook que era indirecto-pero-claramente-dirigido-a-Julie, y ahora las dos están a punto de encontrarse… en tu boda.

¿Sientes que un trastorno se avecina?

Suponiendo, por el bien de nuestra hipótesis, que la respuesta es sí (o que puedes imaginar que sería un sí para algunas personas, dado que tradicionalmente se sabe que las bodas son focos intrafamiliares de estrés y conflictos), tienes que tomar una decisión.

Podrías gastar tiempo y energía preocupándote de que tus primas entren en una pelea a puñetazos justo a la hora de la recepción, haciéndote adoptar, en un doble golpe, una cara de Trastorno de ansiedad / enojo, pero eso no evitará que suceda ni te ayudará a lidiar con ello.

En su lugar, **activemos tu persona del clima interna y reunamos todos los datos disponibles**. Tales como:

- ✔ ¿Cuál es la historia de Renée y Julie?
- ✔ ¿Ha sucedido este tipo de cosas antes?
- ✔ ¿Qué tan bien aguantan el licor?

Hacer preguntas lógicas y racionales como estas te ayudará a determinar si es MUY IMPROBABLE, POSIBLE PERO NO PROBABLE, PROBABLE, MUY PROBABLE o INEVITABLE que estas perras se estén preparando para rugir.

Y, ¿quién sabe? Tal vez estarán tan inspiradas por tus votos matrimoniales que «prometerán» dejar de ser tan desagradables la una con la otra. Tal vez se abrazarán y harán las paces en la cabina de fotos, antes de que los salchipanes lleguen al buffet. Quizás al menos una de ellas se portará a la altura como regalo de bodas para ti.

Ciertamente no lo sé, porque no las conozco, pero *tú* sí. **Revisa tu probómetro** y haz una suposición razonable en cuanto a qué categoría pertenece esta potencial tormenta de mierda. Luego, asigna tus fondos del trastorno en consecuencia.

Escenario 1

Trolearse entre ellas en línea es el *modus operandi* estándar de Renée y Julie y, hasta ahora, no ha resultado en una pelea a puñetazos. Tienden a dar vueltas alrededor de la otra como gatos cautelosos, se unen por su pasión compartida por el *twerking* con Nicki Minaj, y luego todo se perdona con el tercer trago de Southern Comfort con limón de la noche.

Lectura del probómetro: Categoría 1/2: muy improbable o posible, pero no probable

✔ Preocuparse por algo que es poco probable que suceda es un uso arriesgado de los valiosos fondos del trastorno.

Lo sabes. Si la tormenta nunca llega a pasar, ya perdiste tiempo, energía y/o dinero. Y si sucede, te verás obligada a pagar el doble: ya te trastornaste por eso antes y ahora tienes que lidiar con ello. **Conclusión:** es mejor reservar tus FT para otros posibles problemas del día de la boda. Todos sabemos que tu amigo Travis es una bala perdida.

Escenario 2

Tus primas siempre han tenido una relación complicada, pero se ha vuelto más volátil en el último año, desde que Julie sacó a Renée de su grupo de WhatsApp de resumen de *RuPaul: Carrera de drags*. Cubetada de agua fría. Por supuesto, nunca puedes estar 100% segura de lo que ella está pensando, pero Renée no es alguien que deje que dormir a las *drag queens* acostadas.

Lectura del probómetro: categoría 3/4 — Probable o muy probable

✔ Si estás mucho más convencida de que se avecina una tormenta de mierda, también tienes una mejor idea sobre cuándo tocará tierra. Si es un 3 o un 4, **debes verificar el estatus**. ¿Estamos hablando simplemente de REMOTA (unas semanas antes de la boda) o INMINENTE (es la mañana de la boda)? El estatus te informará **qué tan pronto debes gastar tus fondos del trastorno en prevención o mitigación.**

✔ Pero antes de repartir cualquier FT a una tormenta de mierda de categoría 3 o 4, deberías preguntarte: ***¿puedo controlarla?***

Si la respuesta es «Nop, está fuera de mis manos» (por ejemplo, tus primas nunca te han escuchado, ni un día de sus vidas, ¿por qué empezarían ahora?), entonces descarta esa preocupación, de la misma manera en que Travis, sin duda, descartará su corbatín cuando los primeros compases de *Hot in Herre* se infiltren en la pista de baile. No pierdas tiempo, energía y/o dinero *trastornándote por eso*. En consecuencia, si / cuando las chicas decidan sacarse los aretes y su agresión, tendrás ese tiempo, energía y/o dinero para gastar en lidiar con ello.

(Si todavía te sientes ansiosa, prueba un poco de prestidigitación mental. Escuché que la caligrafía es relajante, y si comienzas a practicar desde hoy, tal vez puedas ahorrar algo de dinero en tus invitaciones).

Si la respuesta es un rotundo «Sí, ¡puedo controlar o influir mucho en este desenlace!» (por ejemplo, si crees que tus primas responderán bien a la amenaza de ser alejadas del confort del sur si se portan mal), entonces, por supuesto, saca tu billetera de preocupaciones y haz el retiro para un correo electrónico cuidadosamente redactado, dirigido a Renée y Julie, advirtiéndoles que el día de la boda sus jugarretas resultarán en que sean consideradas *personae non grata* en la barra libre. Eso es una **preocupación útil, funcional y fructífera** en acción. PUFF.

Escenario 3

Renée y Julie llegaron a los golpes en el partido de futbol del campeonato estatal de tu hermano hace tres años y se lanzaron al estanque en la fiesta del septuagésimo cumpleaños de su propia madre. No hay razón para creer que tu boda cuente como terreno sagrado. Estas tipas buscan sangre. Sus maridos venden los boletos y manejan las apuestas.

El pronóstico es claro. Hay TIRO.[27]

Lectura del probómetro: categoría 5: inevitable

✔ Entiendo por qué te preocuparías por algo como esto, que consideras inevitable: es la naturaleza humana, y también es EL MALDITO DÍA DE TU BODA. Por otro lado, **si es inevitable y no puedes controlarlo**, ¿quizá podrías aceptar eso y dejar de lado tus preocupaciones a menos que (o hasta que) sea absolutamente necesario gastar algunos fondos del trastorno para lidiar con las consecuencias?

✔ Además, si crees que una conflagración de primas está más allá del punto de ser evitada a través de PUFF de tu parte, entonces te sugeriría un gran y gordo **«Tan solo suelta, carajo»**.

Estás a punto de embarcarte en uno de los acontecimientos más trascendentales de tu vida. Y así sea en tres meses o en tres horas, no necesitas esta mierda.

---

[27] Esto es asumiendo que todavía no les has retirado la invitación, lo que contaría como PUFF al MÁXIMO, pero también me quitaría la posibilidad de seguir esta hipótesis hasta su conclusión más desastrosa, y eso no es divertido.

✔ **RECONOCE** que no importa lo que hagas, las de tu propia sangre se están preparando para *La revancha 3*; **ACEPTA la realidad**, y **OCÚPATE DE ESO** cuando y solo cuando se convierta en una tormenta de mierda total de manual.

NO gastes fondos del trastorno en este momento. Vas a necesitar ese tiempo, energía y dinero cuando la tormenta de mierda total toque tierra: tiempo para recuperarte en el baño de mujeres; energía para patear algunos traseros tú misma, y dinero para pagar la fianza de Julie. Renée inició la pelea. Déjala pudrirse ahí.

Pero apuesta cincuenta dólares por Julie. Ella pasó los últimos seis meses tomando clases de jiu-jitsu, algo de lo que Renée se habría enterado si no estuviera tan absorta en sí misma.

¡Yyyyy así concluimos la segunda parte!

O, bueno, no del todo. Todavía queda una pizca de contenido demasiado reduccionista pero extremadamente útil, y si eres un lector experimentado de GMIM, ya sabes lo que se avecina...

OH, SÍ, ES LA HORA DEL DIAGRAMA DE FLUJO.

Examínalo. Internalízalo. Aplícalo a tu vida. (Y si necesitas una copia imprimible, está disponible en mi sitio web: nofucksgiven guides.com).

¿CÓMO ME RELAJO UN CHINGO?

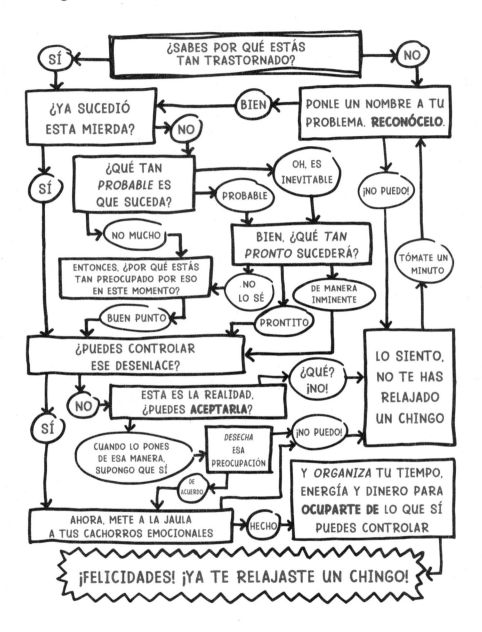

¿SABES POR QUÉ ESTÁS TAN TRASTORNADO?

SÍ

NO

¿YA SUCEDIÓ ESTA MIERDA?

BIEN

NO

PONLE UN NOMBRE A TU PROBLEMA. **RECONÓCELO.**

¿QUÉ TAN *PROBABLE* ES QUE SUCEDA?

OH, ES INEVITABLE

PROBABLE

SÍ

¡NO PUEDO!

NO MUCHO

BIEN, ¿QUÉ *TAN PRONTO* SUCEDERÁ?

ENTONCES, ¿POR QUÉ ESTÁS TAN PREOCUPADO POR ESO EN ESTE MOMENTO?

NO LO SÉ

DE MANERA INMINENTE

TÓMATE UN MINUTO

BUEN PUNTO

PRONTITO

¿PUEDES CONTROLAR ESE DESENLACE?

¿QUÉ? ¡NO!

LO SIENTO, NO TE HAS RELAJADO UN CHINGO

NO

ESTA ES LA REALIDAD, ¿PUEDES **ACEPTARLA**?

SÍ

CUANDO LO PONES DE ESA MANERA, SUPONGO QUE SÍ

DESECHA ESA PREOCUPACIÓN

¡NO PUEDO!

DE ACUERDO

Y *ORGANIZA* TU TIEMPO, ENERGÍA Y DINERO PARA **OCUPARTE DE** LO QUE SÍ PUEDES CONTROLAR

AHORA, METE A LA JAULA A TUS CACHORROS EMOCIONALES

HECHO

¡FELICIDADES! ¡YA TE RELAJASTE UN CHINGO!

III

Lidia con ello

OCÚPATE DE LO QUE *SÍ PUEDES* CONTROLAR

¡Oye, oye, oye, mírate! Llegaste a la tercera parte, donde todo tu entrenamiento riguroso para relajarte un chingo se pondrá a prueba: **lidiar con la mierda que te preocupa.**

Y, para los propósitos de esta sección, asumiremos que esto es una **mierda que ya sucedió**. Felicidades, realmente estás ascendiendo en el mundo.

Hasta ahora, hemos analizado el trastorno, de manera que te hagas más consciente de los síntomas y de las consecuencias de trastornarte. Hemos luchado con la preocupación: no hacerlo respecto a cosas que no puedes controlar y/o hacerlo de manera más efectiva. Esos son los pasos iniciales tanto para combatir la ansiedad existencial como para sobrevivir a cualquier tormenta de mierda que en verdad vaya a suceder.

Ya has hecho un montón de despeje mental, paso 1: desechar. Te has librado de tantas preocupaciones improductivas que deberías tener un suministro saludable de fondos del trastorno para avanzar al paso 2: organizar, también conocido como lidiar con lo que quede, ahora o en el futuro.

El despeje mental es como colgarles a los vendedores por teléfono; apréndelo una vez y será una habilidad que te acompañará toda la vida.

Ahora es el momento de presentar mis **tres principios para lidiar con ello**, desarrollados para ayudarte a ti y al 75% de las personas que respondieron a mi encuesta diciendo que **desearían tener mejores mecanismos de afrontamiento cuando la mierda sucede.**

Cariño, tengo los únicos tres que necesitarás.

También te ayudaré a identificar tus DIR **(desenlaces ideales realistas)**. Estos aseguran que no pierdas tiempo, energía, dinero o benevolencia lidiando contigo mismo a través de un agujero de conejo de destino incierto.

Pragmatismo prescriptivo: apréndelo, vívelo.

Finalmente, lo pondremos todo en práctica. La última sección de la tercera parte funciona como un catálogo de terror. En ella, **te llevaré a través de un montón de escenarios de tormenta de mierda total para ilustrar cómo una mentalidad lógica y racional puede ayudarte a lidiar con ellas**. Cubriremos contratiempos laborales, disputas familiares, oportunidades perdidas, desastres naturales, miembros rotos, corazones rotos y sueños rotos.

Será divertido, lo prometo.

Por supuesto, ningún libro o catálogo de terror puede prepararte para todos y cada uno de los posibles traumas que la vida tiene para ofrecer. Pero al igual que *Arregla tu desmadre* ofreció un conjunto de herramientas simples para establecer metas de manera proactiva y alcanzarlas, *Relájate un chingo* te brinda las herramientas para *reaccionar* **de manera productiva a toda la mierda que no querías y no elegiste** pero que te sucedió de cualquier manera, porque la vida no es justa.

Solo tienes que **RECONOCER**, **ACEPTAR** y **OCUPARTE** de ella.

Si tengo algo que decir al respecto, para cuando le des vuelta a la última página de la tercera parte, estarás completamente equipado para hacerlo.

CUENTA CONMIGO

«Lidiar con ello» abarca una variedad de acciones tomadas —y desenlaces logrados— en respuesta a una mierda que está sucediendo.

En la parte superior de la escala de desenlaces, tienes la **SOLUCIÓN COMPLETA**. Como cuando dejaste tu iPhone X en el autobús urbano, pero te diste cuenta justo a tiempo para emprender la carrera como un cocker spaniel bípedo hasta que un semáforo en rojo aparecido por gracia divina te permitió alcanzar el autobús, golpear la puerta, indicar: «¡Dejé mi celular!» y reclamar tu propiedad.

Hecho. Como si nunca hubiera sucedido.

Debajo de eso, hay **TRABAJOS DE RESCATE**. Dejaste tu iPhone X en el autobús y no lo recuperaste, así que tuviste que comprar uno nuevo. Lidiaste con ello, pero gastaste muchos fondos en ese error. Nada de comida china para llevar durante los próximos dos años, más o menos.

O tal vez no puedas pagar un nuevo iPhone X en este momento, por lo que maldices tu descuido, aprendes una lección, compras un 5SE reacondicionado en eBay y continúas con tu vida.[28] Si no puedes pagar un teléfono inteligente de reemplazo, eliges uno barato de prepago en Radio Shack que no puede conectarse a la nube y pasas la siguiente semana pidiéndoles a todos tus amigos de Facebook que te reenvíen su información de contacto a través de señales de humo.

Más FT retirados, además de una pizca de benevolencia, pero al menos estás de regreso en el juego.

Debajo de eso, tienes **SUPERVIVENCIA BÁSICA**. No tienes trabajo y cuentas con un presupuesto limitado. No puedes permitirte un teléfono nuevo de ningún tipo. Te sientes ansiosa por la posibilidad de perder una llamada de respuesta para una entrevista de trabajo, y enojada por haberte puesto en esta posición, pero ahora que has leído este libro, puedes practicar un poco de prestidigitación mental y recomponerte. **Enfócate, tranquilízate y actúa**. Ya conoces el procedimiento.

En lugar de permitir que este costoso error erosione aún más tu frágil estado mental y financiero, encuentra una solución alternativa, tal vez haciendo algunos retiros del cuarto fondo (que está recargado, ya que últimamente no has estado trastornado todo el tiempo como Sherry). Tal vez le preguntes a un amigo o familiar si tiene un teléfono viejo de repuesto que pudiera activar por ti. Definitivamente, comunícate con los posibles empleadores para informarles que no tienes acceso temporal al número que figura en tu currículum y solicita que se comuniquen por correo electrónico si tienen noticias para ti. Podrías iniciar una campaña de GoFundMe. O vender tus pantaletas usadas en Craigslist. Es un trabajo honesto.

---

[28] He estado usando un 5SE desde 2016. No tengo queja.

Por supuesto, un teléfono perdido es solo un ejemplo entre un millón de posibilidades de que suceda una mierda con la que luego tendrás que lidiar. Puede que no se aplique a ti (de hecho, si leíste *Arregla tu desmadre*, espero que hayas sido condicionada a no perder nunca tu teléfono, bajo ninguna circunstancia).

O tal vez nunca podrías permitirte tener un iPhone X para empezar, o crees que estoy siendo arrogante ante algo que, para ti, sería un gran problema realmente jodido que no es tan fácil de resolver. Entiendo; la situación de cada persona es diferente y sus niveles de recursos varían. Tal vez no importa cuánto lo quieras, no podrías correr detrás de ese autobús porque todavía te estás recuperando de una cirugía de cadera.

Lamento eso. Mejórate pronto.

Mi punto es que este, o cualquiera de los 999 999 ejemplos que podría darte, apestan —sí, efectivamente—, pero HAY formas de lidiar con ello que no implican comprar un teléfono de reemplazo y tampoco llorar en la almohada hasta ese momento en que el fantasma de Steve Jobs aparezca para concederte tres deseos.

Todo este libro trata de *encontrar una forma*. Se trata de calmarte, tomar decisiones, actuar y resolver problemas, o al menos no empeorarlos con el miedo y la inacción.

Así que acostúmbrate, ¿de acuerdo? Hay más de donde vino eso.

LOS TRES PRINCIPIOS
PARA LIDIAR CON ELLO

En este punto, es posible que te estés preguntando por qué no tan solo te recomiendo que leas *Arregla tu desmadre*, que establece **tres pasos sencillos y prácticos para lograr cualquier cosa: crear estrategias, enfocarte, comprometerte**. *¡Tarán!* Y sí, mi Teoría ATD es simple y eficaz, pero se ocupa sobre todo de los objetivos sobre los que tienes *tiempo* para elaborar estrategias, los hábitos en los que puedes enfocarte en formar *lentamente*, y los compromisos que puedes presupuestar con *mucha anticipación*.

Arreglar tu desmadre es un proceso continuo. **Es PROACTIVO.**

Por su parte, *lidiar con la mierda que ya pasó* es algo que tienes que hacer al calor del momento. **Es REACTIVO.**

Ya sea para tener los medios para conectarte en línea y volver a reservar tus boletos cuando te quedas dormido y pierdes un vuelo, o aplicar presión a una herida que no para de sangrar porque estúpidamente usaste la herramienta equivocada para cortar el queso y te encuentras sola en el apartamento mientras tu esposo hace una carrera rápida a la tienda de delicatessen para comprar hielo antes de que tus amigos lleguen a cenar, y sería terrible que pierdas tanta sangre que termines desmayada en tu cocina y le añadas una conmoción cerebral a la mezcla.

No es que yo sepa nada de eso.

«Lidiar con ello» requiere su propio conjunto de habilidades y herramientas, que se pueden descubrir en el momento y perfeccionar en un abrir y cerrar de ojos, ya sea que se utilicen para generar una solución completa o simplemente para sobrevivir.

Los tres principios para lidiar con ello

Haz un balance. Imagina que acabas de aterrizar en territorio enemigo y tienes muy poco tiempo para evaluar la situación antes de que vaya de mal en peor. Vas a tener que mantener tu determinación y reunir los datos. Cachorros emocionales a la jaula, logigatos al acecho.

Identifica tu desenlace ideal realista (DIR). Cuando ocurre una mierda, una solución completa ideal puede ser posible o no, lo que significa que aceptar lo que no puedes controlar ya no es solo para relajarte un chingo, ¡también es para lidiar con ello! Correr a toda velocidad por una calle sin salida literalmente te llevará a ninguna parte, rápido. Es mejor comenzar con un objetivo final realista y alcanzable en mente.

Triaje. Si la tormenta está sobre ti, tu probómetro ya no resulta útil, pero todavía puedes establecer prioridades según la urgencia. Al igual que una enfermera de la sala de urgencias, cuanto más rápido determines qué pacientes se encuentran en la peor situación y cuáles tienen la mejor posibilidad de supervivencia —es decir, qué problemas empeorarán sin tu intercesión y cuáles tienen la mejor posibilidad de ser resueltos—, más pronto podrás brindar atención de manera eficaz para cada uno de ellos.

Ahora repasemos cada uno de estos principios con un poco más de detalle y acompañados de anécdotas ilustrativas, como es mi costumbre.

Haz un balance

Mencioné la idea de «aterrizar en territorio enemigo» porque así es como se siente cada vez que me encuentro en una situación de mala-mierda-que-acaba-de-suceder. ¿Estás familiarizado con este sentimiento? Es **terror y adrenalina** por partes iguales, como: «sé que he caído, pero tal vez aún no estoy fuera de la batalla». Mi próximo movimiento es fundamental. Si elijo sabiamente, es posible que pueda escapar limpia (es decir, la **solución completa**); salir herida, pero intacta (es decir, un **trabajo de rescate**), o al menos eludir a mis adversarios el tiempo suficiente para volver a intentarlo al día siguiente (es decir, **supervivencia básica**).

Estos fueron mis sentimientos cuando el auto en el que viajaba fue golpeado de costado y desplegó sus bolsas de aire junto con un olor acre que al parecer acompaña a las bolsas de aire desplegadas, y que asumí como un indicador de que el vehículo estaba por explotar conmigo dentro si no salía de allí lo antes posible.

Lector, salí de allí lo más pronto posible.

Pero también lo he sentido en circunstancias de peligro menos inmediato y físico, como cuando el nuevo jefe que acababa de alejarme de un trabajo bueno y estable entró en la oficina que yo llevaba ocupando cinco días para decirme que *él* había sido despedido, pero que estaba «seguro de que la directora ejecutiva había tomado eso en consideración» cuando aprobó mi contratación la semana anterior.

Los logigatos entraron en acción. ¿Debía buscar una charla preventiva con las personas de Recursos Humanos en lugar de quedarme sentada esperando a que cayera sobre mí una potencial hacha? ¿Tenía derecho a alguna indemnización o seguro médico si me convertía en una víctima de la administración saliente? ¿Era demasiado temprano para empezar a beber?[29]

La capacidad de evaluar una situación rápidamente e identificar tus próximos mejores pasos es de veras importante en una crisis. ¿Por qué crees que los asistentes de vuelo siempre están hablando de saber dónde están las salidas de emergencia? (Voladores ansiosos: olviden que dije eso). Y como dije en la introducción, no tienes que nacer con esta habilidad; puedes practicarla y desarrollarla con el tiempo como lo hice yo.

SIN EMBARGO: ten en cuenta que dije que «identifiques» rápidamente tus próximos mejores pasos, no necesariamente que los *tomes*.

En ocasiones, tomar medidas inmediatas puede ser bueno, como buscar frenéticamente la opción «deshacer envío» en Gmail al darte cuenta de que acabas de dirigir una broma de mal gusto sobre tu jefe, a tu jefe. Pero si actúas sin haber considerado

---

[29] Revelación completa: hubo algunos trastornos de inicio tardío en esa, pero al menos ya había preguntado y respondido las preguntas importantes antes de comenzar a sollozar con mi Amstel Light.

el estado de las cosas, es mucho más probable que exacerbes tu problema original. Por ejemplo, el hecho de que te hayas lanzado en paracaídas al recinto del villano y no quieras que te sirvan en el plato de su gato montés para ser su desayuno no significa que debas hacer movimientos precipitados. (Por un lado, los gatos monteses son nocturnos, así que yo me movería con mucha suavidad durante la noche y escaparía *durante* el desayuno).

Los movimientos bruscos pueden hacer que te sirvan como papas fritas humanas con tanta facilidad como si hubieras sucumbido al modo avestruz. Y si esa última frase no me da una nominación al Pulitzer, entonces no sé qué lo hará.

Solo haz una *evaluación* simple e inmediata de la situación. Tuercas y tornillos. Pros y contras. Hacer un balance no solo te ayuda a calmarte (¿Cuál es el lado opuesto de la ansiedad? ¡Enfocarte!), sino que además te brinda un plan preliminar para lidiar con ello, cuando sea el momento adecuado.

SITUACIONES «Y SI» PARA BIEN, EN LUGAR DE PARA MAL

Si eres experto en imaginar lo peor incluso antes de que suceda, ¡puedes aplicar esa misma creatividad obsesiva para lidiar con ello cuando suceda! Por ejemplo, supongamos que te roban la mochila mientras estás jugando un acalorado torneo de cornhole en el parque. Ya estás programado para hacer un inventario mental de lo que contenía y visualizar las consecuencias de no contar con esos elementos. **Tarjetas de crédito:** ¿y si el ladrón se va directamente a una juerga de compras en Best Buy? **Medicamentos:** ¿¿y si te quedas

---

sin tu inhalador o tus píldoras anticonceptivas indefinidamente?? **Ocho tubos de bálsamo labial de cereza:** ¿¿¿Y si tus labios se secan mientras estás hablando por teléfono con Servicio al cliente intentando cancelar tu Mastercard??? **Libro de la biblioteca:** ¿¿¿¿Y si tienes que pagar una multa por perder el nuevo libro de John Grisham y no puedes averiguar qué sucede al final????

Ve y examina los daños. Pero luego elabora un plan para manejarlo de manera eficiente y efectiva. (Consejo profesional: cancelar tus tarjetas y solicitar a tu médico un resurtido de emergencia deben tener prioridad sobre el cuidado de tus labios, las multas de la biblioteca y los *thrillers* legales).

Identifica tu desenlace ideal realista (DIR)

¿Qué es realista?

Mirando de nuevo el escenario de la mochila, si el ladrón es detenido a diez minutos de distancia con todas tus cosas intactas y sin empeñar, ¡vaya, es una solución completa!

Pero, asumiendo que ese no es el caso, entonces lidiar con ello será molesto, aunque probablemente un trabajo de rescate bastante decente. La mayor parte de tu basura puede ser reemplazada, y de cualquier forma ya era hora de deshacerse de esa nutritiva barra de proteínas sabor moras azules suelta. Se estaba volviendo difícil saber si eran moras azules u hormigas.

Por otro lado, si, por ejemplo, tiraras el antiguo reloj del bisabuelo Eugene por la borda en medio del océano Pacífico, definitivamente una solución completa no sería posible. Obviamente, podrías comprarte un reloj nuevo, pero no puedes traer al abuelo de tu padre de entre los muertos para que lo amolde por ti durante sesenta años antes de que empieces a usarlo. Lo único que puedes esperar es un reclamo rápido y sustancial en la compañía de seguros: completar el papeleo es lo mejor y lo único que puedes hacer para garantizar la manifestación de tu DIR en este trabajo de rescate en particular.

¿Qué es ideal?

Cada tormenta de mierda alberga una variedad de desenlaces realistas, y lo que hace que cualquiera de ellos sea *ideal* depende de las preferencias de la persona afectada.

Por ejemplo, si acabas de descubrir el definitivamente activo perfil de citas en línea de tu prometida un mes antes de tu boda, hay muchos desenlaces realistas. Puedes estar listo para cancelarlo todo, o puedes decidir besarla y reconciliarse (y eliminar personalmente su cuenta de Tinder). Harás un balance de la situación enfrentándola (o no), creyéndole (o no) y decidiendo si has terminado con ella (o no), y luego procederás a resolver para *X*.

O para «tu ex», según sea el caso. Lo que sea ideal para TI.

¿Cómo saberlo?

La clave para determinar tu DIR es ser honesto contigo mismo. Honesto sobre lo que es posible y sobre lo que quieres, honesto sobre lo que eres capaz de hacer para llegar allí y honesto sobre lo que está fuera de tu control.

Piensa en ello como comprar un par de zapatos. Cuando te los pruebas, no importa cuánto te gusten; si no te quedan, no te quedan. No vayas a la caja registradora. No gastes $200 dólares en un par de tenis geniales pero incómodos. No puedes hacer que tu talla 7 se encoja de la noche a la mañana a pura voluntad, y si los zapatos te aprietan ahora, imagina cómo se sentirán tus pobres dedos después de caminar con ellos todo el día de mañana. Te quedarás ampollado y sangrando, relegando tus costosos errores al fondo de tu armario IKEA MACKAPÄR en cuanto entres cojeando por la puerta.

Lidiar con ello se vuelve exponencialmente más difícil si estás persiguiendo desenlaces improbables y estás obstaculizándote tú mismo con herramientas deficientes.

Sé realista. Sé honesto contigo mismo. Y prepárate para marcharte. Cómodamente.

Triaje

Priorizar es el núcleo de todos los consejos que doy: para determinar qué es lo que te importa, para arreglar tu desmadre y para relajarte un chingo.

Lidiar con ello es más de lo mismo. **Triaje es solo una palabra elegante para priorizar.** Me gusta agregarla a la mezcla de vez en cuando y crear una sensación de DRAMA para mis lectores.

Quizás hayas escuchado hablar sobre el triaje en *Grey's Anatomy*. Y de la misma manera en que una sala de urgencias solo tiene un determinado número de camas para dar atención y su personal tiene un determinado número de manos para comprimir tórax, dispensar morfina y cambiar los orinales, tú solo tienes un determinado número de recursos para dedicar a tus emergencias personales. Necesitas aprender a hacer un *triaje mental* para estar preparado para lidiar con una tormenta de mierda total que irrumpa a través de las puertas batientes de tu sala de urgencias mental con poca o ninguna advertencia.

Les di una muestra con el caso de la mochila robada, pero veamos algunas tormentas de mierda diferentes en acción, y practiquemos la priorización en términos de «lidiar con ello».

✔ **De camino a la fiesta sorpresa del trigésimo cumpleaños de tu mejor amigo en Boston, cancelan tu vuelo**

Haz un balance: ¿qué hora es ahora, a qué hora comienzan los festejos y hay otros vuelos (o quizá trenes, autobuses o tipos no amenazantes llamados Ben que también van en esa dirección) que podrían llevarte?

DIR: dependiendo de las respuestas a lo anterior, es posible que de manera realista consigas aterrizar a tiempo para la cena, o al menos para salir a un club nocturno... y es posible que desees intentarlo. O si reservar un vuelo sustituto significa perderte la fiesta por completo y presentarte justo cuando tus amigos ya salieron del Whisky Saigon y van dando tumbos de regreso a casa a las 5:00 a. m. (unas cinco horas antes de que decidan escapar del *brunch* planeado después del cumpleaños), puedes decidir reducir tus pérdidas. Depende de ti, cariño. ¿Cuál es tu desenlace ideal?

Triaje: tus prioridades deben establecerse al servicio de tu DIR. Es cuestión de tiempo y dinero si puedes encontrar y pagar otro vuelo, o energía y dinero si decides que en lugar de hacer una aparición personal, llamarás al club y pondrás el dinero de tu boleto cancelado al servicio de una botella para tus mejores amigos y un taxi de regreso a tu propia cama. De cualquier manera, el tiempo corre, por eso priorizamos —una vez más, con sentimiento— BASADOS EN LA URGENCIA.

(O puedes decidir que tu desenlace ideal más realista es encontrar otro vuelo a Boston, pero *fingir* que no pudiste, y asistir a un juego en el Fenway mientras tus amigos están ocupados lamentando sus elecciones de vida. ¡Vamos, Medias Rojas!).

✔ Las calificaciones ya llegaron. Estás reprobado

Haz un balance: ¿qué significa esto? ¿Estamos hablando de un examen o de un curso completo? ¿Bachillerato o escuela de tránsito? ¿Perdiste tu beca o solo un poco de respeto por parte de tu profesor?

En favor de este ejemplo, digamos que aún no has reprobado el curso completo de, eh, ¿qué te parece Ciencia

A-35: Materia en el universo?, pero, a medida que te acercas a la mitad del periodo, vas camino a ello.[30]

DIR: un desenlace *ideal* sería que mejores tus hábitos de estudio y tu capacidad para comprender la «ciencia» y que de ahora en adelante obtengas una calificación sobresaliente en cada tarea a fin de llevar tu calificación al nivel mínimo para aprobar. Por desgracia, eso no es *realista*. Tu mejor apuesta tal vez sea reducir tus pérdidas y dejar la clase antes de que le baje un punto a tu promedio general.

Triaje: muy bien, Einstein, el tiempo es esencial. Las reglas de la universidad dicen que cualquier calificación obtenida después de la mitad del periodo se incluye en tu registro permanente, por lo que debes enviar la documentación de salida del curso lo antes posible. Luego, consulta el horario de la clase magistral y ve dónde puedes colocar este maldito crédito de ciencias requerido en el próximo semestre, y cuál optativa, más fácil y apetecible, tendrás que sacrificar en su lugar. Lo lamento, Inglés 110FF: *fanfiction* medieval, apenas te conocí.

¿Es estresante descubrir que estás fallando en algo en lo que necesitas tener éxito para obtener un diploma, una licencia de conducir o una calificación A del inspector de salud de la ciudad? Sí, lo es. ¿Hay muchas formas lógicas y racionales de lidiar con ello? Sí, las hay. Date prisa.

---

[30] 1998 fue un año difícil para mí, ¿de acuerdo?

✔ **Una fuerte tormenta azota la ciudad**

Haz un balance: camina por tu casa (y por tu terreno, si lo tienes), para evaluar el alcance de la destrucción.

DIR: asegura el lugar para evitar que sufra más daños, repara lo que esté roto y no te quedes en bancarrota mientras lo haces.

Triaje: he aquí una de las principales prioridades secretas: toma fotos. Las necesitarás para tu reclamo a la compañía de seguros, lo que significa que no pueden esperar hasta que hayas comenzado a arreglar el lugar. Luego, detén las fugas y, si puedes, elimina el agua estancada y las alfombras empapadas. El moho es una mierda vil y no quieres que crezca en el clóset de tu pasillo. Todas las puertas y ventanas rotas deben estar cerradas contra la lluvia y los ladrones / mapaches oportunistas. Y si parece que no habrá energía eléctrica por un tiempo, vacía el contenido de tu refrigerador en una hielera para salvar la comida que puedas. Después de cinco horas de arrastrar la alfombra mojada, morirás por un poco de pastel de pollo sobrante.

Eso es solo algo de lo que se me viene a la cabeza; obviamente, podría haber muchas más, muchas menos o muchas cosas diferentes con las que lidiar después de una tormenta de mierda / tormenta real de esta variedad. Pero, sea como sea, **no puedes hacerlo todo PRIMERO**. Al menos, si priorizas en función de la urgencia, **harás primero las cosas *correctas*.**

Por ejemplo, es posible que desees colocar una lona sobre ese agujero en el techo antes de comenzar a rescatar las plantas de mariguana que has estado cultivando en el sótano por puro pasatiempo. Solo digo.

¡DÓBLATE!
(UN PRINCIPIO ADICIONAL)

Si *Arregla tu desmadre* se trataba de doblegar la vida a tu voluntad, este libro te ayudará a que esta no te quiebre. ¿Cómo? **Sé flexible cuando la situación lo requiera.**

Cuando la mierda sucede (por ejemplo, lluvias monzónicas repentinas, tipos que arreglan el techo ausentes, domar arañas a primera hora de la mañana), tus planes se ven afectados en menor o mayor medida. Y si bien mantener una postura rígida frente a sucesos no deseados como estos es bueno para, por ejemplo, eliminar a los partidarios sorpresa de Trump de tu muro de Facebook, no es muy útil para otra cosa.

Debes ser flexible.

No estoy hablando de tocarte la nariz con el tendón de la corva (aunque eso es impresionante y los logigatos seguramente lo aprobarían). **No tiene que ver con contorsionarte tanto como un gato, sino en *pensar* como uno.**

Por ejemplo, cuando mi Gladys descubre que la terraza está abarrotada de humanos y, por tanto, siente que no puede comer su cena en paz al dar las cinco como acostumbra, se pasea hacia el costado de la casa y espera a que se despeje. Caza una lagartija como bocadillo para calmar el hambre.

Gladys no es tonta. Ella no va a maullar: «¡Al diablo con esta mierda!» y, tontamente, lanzarse por partes desconocidas solo porque su horario se movió un poco. Sabe que hay otras formas de conseguir comida (esperarla, cazarla), y lo único que debe hacer es tranquilizarse (o matar) si quiere comer. Una logigata de las mías.

Como Gladys, no puedes darte el lujo de trastornarte (alienar o abandonar tu fuente de alimento) y no lograr tu objetivo final (cenar) solo porque pasó algo (los groseros humanos cambiaron las reglas).

Debes ser flexible. **Reagruparte. Reimaginar. Reatacar.**

Por desgracia, la flexibilidad no es algo natural para todos, incluida yo. Soy una pensadora literal, lo cual es excelente para escribir y editar libros, pero no tanto para adaptarse cuando el paisaje cambia. Durante la mayor parte de mi vida, si me dabas reglas, las seguía. La rigidez era buena. Sabía con lo que estaba lidiando.

¿Pero si tú *cambiaras* las reglas? OH, DIABLOS, NO. Eso estaba destinado a desencadenar un trastorno.

¿Cómo sigo adelante? Ahora siento que estoy rompiendo las mismas reglas que observé e internalicé con tanto cuidado durante tanto tiempo. Esto no se siente bien. No puedo hacerlo. ¡Estoy atrapada!

Y más específicamente:

Pero-pero-pero... TÚ me dijiste que lo hiciera de una manera y ahora me estás diciendo que lo haga de otra y ¿¡¿DE QUÉ MANERA ES, GARY?!? Claramente, mi confusión y parálisis resultantes son TU CULPA.

Esto no termina bien para nadie.

Aquí hay una lección que aprendí bastante tarde en mi periodo corporativo (*mea culpa*, viejos jefes, compañeros de trabajo y asistentes), pero desde entonces he podido aplicarla en mis relaciones profesionales y personales con gran efecto: **realmente no importa por qué esta mierda sucedió o quién (si alguien lo hizo) «cambió las reglas».**

Lo único que importa es que sucedió, cambiaron, y tienes que ser flexible y lidiar con ello. Y ESO significa estar menos preocupado sobre *¿Por qué?* y más con: *De acuerdo, ¿ahora qué?*

¿DE QUIÉN ES LA CULPA A FIN DE CUENTAS?

Echar la culpa es un impedimento clásico para lidiar con cualquier mierda que haya sucedido. Demasiado tiempo perdido. Demasiada energía. ¿Por qué no das un paseo en monociclo a través de los Apalaches mientras estás en ello? Determinar de una vez por todas quién tuvo la culpa no soluciona el problema y tampoco te hará sentir mejor al respecto. ¿Cuánta satisfacción vas a obtener realmente por intimidar a tu compañero de trabajo Sven hasta que admita que fue él quien dejó la computadora portátil con las diapositivas de la presentación en la parte trasera del taxi que compartieron anoche? Son las 7:00 a. m., su cliente espera una bonanza de PowerPoint en dos horas, y tanto tú como Sven huelen a la trastienda de Juicy Lucy. Deja a un lado el juego de la culpa, lánzate a la ducha y envía a Sven al Office Depot del centro de Phoenix para que consiga una cartulina y un paquete de marcadores.

Recuerda: cuando las opciones parecen cerrarse a tu alrededor, la capacidad de ser flexible abre otras nuevas. **Aun cuando te estás doblando, no te has quebrado.**[31]

¡AHÍ VIENE!

Escucha, sé que estás un poco ocupada leyendo un libro increíble, pero tu madre, Gwen, acaba de llamar desde el aeropuerto. ¡SORPRESA! Llegará aquí en cuarenta y cinco minutos, se quedará una semana y, oh, ¿puedes pedirle una de esas cositas, Uber o como se llame? Gracias, muñeca.

¿Ya te relajaste un chingo? Bien, porque de lo contrario te he fallado y tendré que «encontrarme una verdadera vocación», como sugirió en línea hace poco una útil crítica. (Gracias, Dorothy, valoramos tu opinión).

No hay necesidad de entrar en pánico; este es un trabajo de rescate sólido. No recuperarás tu tarde, pero sí tienes el poder de minimizar las consecuencias del huracán Gwen. Si tu casa no está del todo lista, pero no te importa un carajo lo que piense tu madre sobre este tipo de cosas, ¡felicidades! «Lidiar con ello» ahora es mucho más fácil. Pero si *sí* te importa lo que ella piense de este tipo de cosas, entonces tienes una pequeña ventana de tiempo para ordenar un poco, y muchos lugares por los que puedes empezar.

---

[31] Esa es una inspiradora cita original de Sarah Knight. Estámpala en un cojín y véndelo en Etsy si así lo deseas. Tienes mi bendición.

Haz un balance de todos ellos, identifica tu DIR, y entonces es el momento de realizar un **triaje**.

Si fuera yo, el DIR sería darle a Gwen una buena primera impresión y luego evitar que inspeccione demasiado algo más.

Yo empezaría por la habitación de invitados / sofá cama. Asegúrate de tener sábanas limpias o ponlas en la lavadora A-H-O-R-A para que estén frescas cuando llegue el momento de que Gwen descanse su cabeza cansada e impecablemente peinada.

Siguiente, guarda todos tus zapatos de calle, equipo deportivo, paraguas rotos y bolsas de lona a medio vaciar de tus últimas vacaciones que aún no has desempacado en un armario, o debajo de tu cama.

Limpia las superficies visibles. Deja los estantes y repisas más altos en paz: arrastrar el taburete por todo el lugar solo agravará tu dolor de espalda, y en realidad no necesitas más molestias en este momento. **(Realista + ideal = GANAR).**

Enseguida, saca la basura, enciende algunas velas aromáticas y enfría una botella de Pinot Grigio, si tienes. A Gwen le encanta esa mierda, y después de dos vasos no podrá distinguir entre las pelusas de polvo y sus nietos.

Ah, y es posible que debas cancelar o posponer un par de cosas menos urgentes que planeabas hacer esta semana, en favor de atender a tu invitada sorpresa.

Menos mal que eres tan **flexible**.

Todo está en tu cabeza

El ejemplo anterior puede haber sido un ejercicio de despeje físico, pero ¿dónde empezó? EN TU MENTE, por supuesto. Recuerda que el método Sinpreocuparse tiene sus raíces en el despeje *mental*.

Paso 1: relájate un chingo. DESECHA las preocupaciones improductivas.

(Gwen ya está aquí; no malgastes fondos en cosas que no puedes controlar).

Paso 2: lidia con ello. ORGANIZA tu respuesta.

(Gasta tu tiempo, energía y/o dinero en cosas que *puedas* controlar. Como rociar el sofá cama de aromatizante. Tal vez no haya suficiente tiempo para lavar esas sábanas).

Mucha mierda sucede sin advertencia. Ataques furtivos de los padres, pájaros bombardeando caca desde lo alto o esa grieta en la acera que hizo que tu rostro se hundiera en el cemento y ahora estás buscando una clínica dental de emergencia en medio de tus vacaciones en el paseo de Sitios encantados en Charleston. Malditos fantasmas de acera. Te atraparán cada vez.

Eso significa que a menudo tendrás que ser capaz de organizarte con poco o ningún aviso previo: hacer un balance, decidir un desenlace ideal realista, clasificar los elementos y, en ocasiones, volverte una liga.

Y harás todo esto *mentalmente* antes de intentar nada *físicamente*.

(Sin movimientos precipitados, ¿recuerdas? Ese gato montés tendrá hambre).

En el caso de la visitante repentina, prácticamente no tuviste tiempo para resolver un problema, ya habías aprendido a no desperdiciar nada trastornándote y pudiste alterar el curso de tu tarde (y del resto de tu semana) para adaptarte a tu nueva realidad.

Todo eso fue un despeje mental en acción.

Todo se logró después de que colgaste el teléfono, pero antes de que tomaras un trapo para quitar el polvo: conociendo tus límites, enfocándote en lo que podías controlar frente a lo que no podías, y priorizando.

Todo fue el método Sinpreocuparse, que te ayudó a relajarte un chingo y a lidiar con ello.

Entonces, dime: ¿estás listo para llevarlo al siguiente nivel?

PORQUE YO SÍ.

TORMENTAS DE MIERDA TOTALES: UN CATÁLOGO DE TERROR

En mi encuesta anónima en línea, pregunté: «¿Cuál es la mierda más reciente que te ha pasado?».[32] *

He convertido un montón de esas respuestas en una ronda relámpago de tormentas de mierda totales que abarcan salud, finanzas, familia, trabajo, relaciones y más. Desde los días con problemas de cabello hasta huesos rotos, **ofreceré mi versión rápida y sucia de cada entrada desde un punto de vista lógico y racional**.

Ahora, para ser clara, no necesariamente tengo experiencia personal en todas las situaciones que expondré. (Ni muerta me atraparían jamás usando un fitbit, por ejemplo). Pero si mis métodos son sólidos, eso no debería importar. Debería ser capaz de desarrollar los pasos tal como te he estado pidiendo que lo hagas a lo largo de todo este libro.

La idea detrás de *Relájate un chingo* es **aplicar las verdades universales a todo el universo de problemas.** Probabilidad. Urgencia. Control (o falta de él). Aprender a priorizar. Meter a la jaula a tus cachorros emocionales. Mantener a la vista el lado opuesto.

---

[32] También pregunté: «¿Cómo lo manejaste?» y, dadas las respuestas, estoy más segura que nunca de que ustedes, sus familias, amigos, enemigos, vecinos, jefes, compañeros de trabajo, subordinados, seres queridos y, sobre todo, la cuñada de alguien, Courtney, de veras necesitan este libro. Espero que te esté funcionando hasta ahora.

Y, de cualquier forma, dejando de lado los consejos rápidos y sucios, al final nada de esto se trata de mí ni de lo que yo haría, en realidad. **Se trata de TI y de cambiar tu forma de pensar para cambiar tu vida.**

TÚ haces un balance de lo que se presenta ante ti.

TÚ determinas tu propio desenlace ideal realista.

TÚ estableces tus prioridades y pones tus planes en marcha.

Yo solo soy la dama grosera y de sentido común que está iluminando el camino. Veamos lo que tengo.

Mierda relativamente indolora

Este es el tipo de cosas que complican o arruinan por completo tu día, pero no tanto tu semana, tu mes o tu vida. No es el fin del mundo, pero es un poco molesto, por lo menos. La buena noticia es que aquí hay mucho potencial para soluciones completas o para trabajos de rescate de alto nivel. Como dije, te estoy llevando lentamente. Piensa en esta sección como un baño tibio.

De hecho, ¿por qué no prepararte una tina templada para disfrutar mientras lees? Si no tienes una bañera, un trago de tequila producirá más o menos el mismo efecto. O eso me han dicho.

✔ El restaurante perdió mi reservación

Haz un balance. ¿Se ofrecen a tener un lugar para ustedes en el próximo horario disponible y ese lapso te parece ·

aceptable? Si es así, ¿sabes cómo pronunciar las palabras: «¿Podrían servirnos una ronda de gin tonic mientras esperamos?»? Bien, estás listo. Si es más un: «Lo siento, definitivamente no podemos conseguir otro lugar para usted esta noche», entonces será mejor que inviertas tu tiempo, energía y dinero en patrocinar otro establecimiento, a que te quedes en este tan solo para hablar con el gerente. (Además, recuerda lo que hablamos antes: no querrás convertirte en una estrella involuntaria en el próximo video viral de YouTube: «Comensal realiza cosas indescriptibles con un palito de pan y es vetado de por vida en el Olive Garden local»).

✔ No pude cumplir con mis 10 000 pasos en un día

La mierda sucede. Te quedaste atascado en una serie interminable de reuniones, te lastimaste el flexor de la cadera o ese maldito monitor de tobillo no te permite alejarte más de 15 metros de tu casa, y caminar de un lado a otro doscientas veces realmente comenzaría a irritar el tendón de Aquiles (y poner nerviosos a tus vecinos). Si hasta ahora te has comprometido obsesivamente con un régimen de ejercicio, esto podría ser un gran problema; pero, en ese caso, también has estado comprometido obsesivamente con un régimen de ejercicio. ¡Buen trabajo! ¿Quizás a tus magníficas pantorrillas les vendría bien un descanso?

O, si acabas de comenzar todo este asunto del «ejercicio», es posible que te sientas deprimido porque parece que no puedes establecer una rutina. De cualquier manera, si te molesta tanto, simplemente transfiere el saldo negativo a la meta de mañana. No se lo diré a tu fitbit.

✔ Me hice un mal corte de pelo

Bienvenidos a mi adolescencia. A falta de una máquina del tiempo o un fabricante de pelucas personalizado de guardia, tu desenlace ideal realista tal vez sea enmascarar el daño hasta que el cabello vuelva a crecer. ¿Puedo presentarte sombreros, cintas para la cabeza, horquillas, pasadores, bandanas, bufandas, pañuelos y/o el concepto de que te importe un carajo?

✔ Mi jefe me gritó

¿La regaste? Si es así, entonces es desafortunado que trabajes para un gritón, pero lidiar con ello debe enfocarse en lo que puedas hacer para asegurarte de no provocar su ira en el futuro. Si no lo merecías y estás buscando una reivindicación total, primero evalúa si tu jefe es el tipo de persona que cambia de opinión y se disculpa cuando se le presenta con calma la evidencia de sus errores de cálculo. Si determinas que no es este tipo de persona, entonces te remito a la página 135: «Trama tu venganza». Eso te relajará y te permitirá organizar tu respuesta, tal vez en forma de una queja a Recursos Humanos o una carta de renuncia. O tan solo llevando a cabo tu plan de venganza. De veras vale la pena.

✔ Me subí a brincar al trampolín y al día siguiente me dolía tanto el cuerpo que no podía moverme

Bueno, esto es un lío. Al igual que un soldado que se lanza en paracaídas detrás de las líneas enemigas, se enreda en su equipo y se rompe algunos huesos no negociables, es hora de que recurras al cuarto fondo y solicites refuerzos. En este caso, lidiar con ello significa que alguien más te ayude a lidiar con ello, quizás en la forma de un amigo corpulento que te pueda llevar cargando hasta el automóvil y conducir hasta el quiropráctico. En el lado positivo, tal vez hayas alcanzado esos 10 000 pasos.

✔ Envié un correo electrónico del trabajo a más de cien personas y olvidé usar cco

Señoras y señores, olvídense del inventor de la vuvuzela, ¡hemos encontrado al idiota más grande del mundo! No, lo siento, lo siento, eso fue una broma. No estoy siendo justa. Parece que al menos entiendes el concepto de cco, así que te daré un pase aquí. Todos cometemos errores. Hay dos caminos a seguir. 1) Podrías enviar otro correo electrónico a la misma lista (esta vez con copia oculta, por supuesto), disculpándote y suplicando a la gente que no responda (a todos) en el original, aunque en mi experiencia, en este punto, las siete personas en tu oficina que no tienen ni idea de lo que significa responder a todos, ya lo habrán hecho. 2) Puedes quedarte sentado tranquilamente en tu escritorio y pensar en lo que has hecho. Depende de ti.

✔ Tuve un accidente en mis pantalones (como adulto)

Auch. Uno espera que, como adulto, también tengas los medios para limpiarte, deshacerte de tu ropa interior sucia y, si es necesario, atarte un suéter alrededor de la cintura y dirigirte a Old Navy para comprar un nuevo par de pantalones. Bueno, al menos no fallaste en incluir en cco a más de cien personas en un correo electrónico del trabajo.

✔ La impresora no funciona

Esta —nuevamente, directo de la encuesta—, me recuerda mi primer día en mi primer trabajo como asistente editorial en la ciudad de Nueva York. Eran las 10:30 a. m. y la gran y aterradora jefa de *mi* jefe me pidió que fotocopiara algo y le entregara las copias «antes de las once», y fue entonces cuando conocí a la endemoniada máquina Xerox. Pitó. Se atascó. Engrapó indiscriminadamente. Se atascó otro poco más. Mientras estaba parada en la sala de Xerox pensando si era mejor confesarle a la gran jefa que yo, una recién graduada de la universidad, no podía operar una fotocopiadora, o pre-

> ### Cinco cosas que podrías hacer accidentalmente que no son tan malas como no poder enviar un correo electrónico del trabajo con cco a más de cien personas
>
> Arruinar el final de la serie *House of Cards* antes de que tu novio lo vea.
> Morder un melocotón podrido.
> Emborracharte y darle un beso francés a tu prima.
> Hacer un autogol y llevar a tu equipo a la derrota en la final del Mundial.
> Atropellar al cachorro de tu vecino.

sentarle mi renuncia inmediata, otro asistente se acercó a mí, se compadeció y me mostró dónde estaba ubicada la «mejor» fotocopiadora.[33]

Como sea, lo que estoy diciendo es que tal vez haya otra impresora que puedas usar. Aunque también estoy de acuerdo con las acciones del encuestado anónimo, cuya respuesta a este problema fue «en nuestra red LAN, la renombré como "jodida cajita"».

✔ Bebí demasiado en la fiesta de Navidad de la oficina y... bueno, no lo recuerdo

Tranquilo, tigre. Abre un Gatorade helado y escúchame con atención: *nadie más lo recuerda tampoco*. Y si lo hacen, la mejor manera de lidiar con esto es fingir que no pasó nada y, al hacerlo, cultivar un aire de misterio aún más aterrador / intrigante que tu improvisada interpretación de karaoke de *Shape of You*. Luego, usa la próxima fiesta de la oficina como una oportunidad para emborrachar a tu némesis y pasar la antorcha.

Mierda tediosa

Aquí tenemos tu mierda molesta, inesperada y no deseada de nivel medio a alto. Está preparada para acalambrar tu estilo en un futuro previsible; se necesitará más tiempo, energía y / o

---

[33] Hasta el día de hoy me pregunto si la gran jefa me lanzó a la cueva del león a propósito. No me extrañaría de ella.

dinero para recuperarte, y las soluciones completas serán cada vez menos, y más alejadas. Por fortuna, si has conservado una buena cantidad de fondos del trastorno, te has relajado un chingo de manera oportuna y de bajo impacto según mis instrucciones en la segunda parte, estarás bien situado para lidiar con ello.

Por ahora, sin embargo, veamos si puedo ofrecerte inspiración.

✔ Mi auto fue remolcado

Dependiendo de qué tan pronto necesites recuperar tus ruedas, es posible que tengas que mover algunos elementos de tu calendario anterior, y tal vez incluso agotar tu fondo de vacaciones anterior (o llegar al tope de tu tarjeta de crédito) para sacarlo del corralón. Examinemos el paisaje aquí: ¿dónde está el auto? ¿Qué tan pronto lo necesitas de regreso? ¿Cuánto va a costar? Y en términos de desenlace, *idealmente* preferirías recuperarlo antes, con un mayor impacto adverso en tu agenda, o en un momento más conveniente, pero acumulando multas adicionales por día? Triaje en consecuencia.

✔ Descubrí que le debo impuestos atrasados al gobierno

Sin conocer los detalles de tu situación particular, estoy segura de que aplicarás los tres principios para lidiar con ello. Haz un balance: ¿cuánto debes? ¿Para cuándo se supone que debes pagarlo? ¿Es ese plazo realista, sí o no? Si tienes el dinero ahora, simplemente haz el cheque y termina con esto. Dolerá, pero no tanto como una multa de $100 000 dólares y hasta cinco años de prisión. Si no tienes los medios para liquidar tu deuda en un plazo ajustado, siempre hay planes de pago. Si nunca vas a tener esos medios, puede que sea el momento de consultar a un abogado de impuestos (o a Google, si tampoco puedes pagarle a un abogado) y averiguar cuál es el mejor próximo paso. Tría esa mierda y deja de sangrar por los cargos por pagos atrasados.

Tal vez Google Lawyer te revele una extensión que puedes gestionar o algún tipo de ayuda que puedas solicitar. Lo único que sé es que, cuanto más esperes, más intereses y multas acumularás, y si crees que el gobierno te está desangrando ahora, espera hasta que te declaren muerto en un tribunal federal.[34]

---

[34] También podrías decir: «A la mierda» y alejarte tanto de la red que el Tío Sam no pueda encontrarte ni con una mira telescópica Mark V HD de largo alcance del Ejército. ¡Buena suerte! Estoy segura de que será más fácil que pagar tus impuestos.

SI TE DUERMES, PIERDES (TU AUTO)

Conozco a VARIAS personas que han dejado que una deuda manejable (una multa de estacionamiento, una factura de tarjeta de crédito, un gravamen fiscal, etc.) se convierta en el peor desenlace posible simplemente por evadirlo. En algunos casos, la evasión se debió a problemas graves de salud mental y, como he dicho, no soy una autoridad en lo que respecta al tratamiento de una enfermedad que podría hacer que alguien arruine su vida financiera por inacción. Pero soy una autoridad en brindarles un poco de sentido al resto de ustedes. Y tampoco me refiero a personas que evaden pagar una factura porque no pueden hacerlo, esa es harina de otro costal. Estoy hablando de las personas que sí pueden pagar, pero no reconocen que hacerlo *debe ser una prioridad* por encima de media docena de otras tareas diarias, cuyo aplazamiento no resultaría en la pérdida de su automóvil, su buen historial crediticio o su rancho de dos niveles. Considero que es mi deber jurado ayudarte a prevenir tales desenlaces, y si debo retarte para que hagas el trabajo, que así sea. Me importa una mierda.

✔ Mi novia me dijo que soy malo en la cama

Tienes todo el derecho a sentirte lastimado, molesto o simplemente desconcertado, pero nada bueno resultará de complacer a esos cachorros emocionales por más de una tarde de juego. Una vez que te hayas recuperado de lo que sin duda fue la mayor conmoción de tu vida y hayas hecho un balance, encontrarás que tienes un par de opciones; depende de ti decidir cuál llevará la corona DIR. Podrías romper con ella y esperar que te presenten a una mujer que aprecie más tus talentos sexuales. O puedes tomar en serio sus críticas y hacer algunos cambios en tu técnica.

(Aquí siento la necesidad de subrayar una vez más la simplicidad que significa «lidiar con ello». En tantas situaciones de resolución de problemas, estamos trabajando dentro de un binario; haz esto o aquello para comenzar a enderezar el barco. Elige uno y sigue adelante con eso. O elige uno y espósate a la cama con eso. Lo que sea que funcione, Fabio).

✔ Me rompí un hueso semiimportante

Claramente, lo primero que debes hacer es buscar tratamiento médico, pero en tu camino a la sala de urgencias (o una vez que pase el efecto de la anestesia), puedes dedicar un tiempo a catalogar las consecuencias y hacer / cambiar tus planes de acuerdo con tu tiempo de recuperación proyectado. ¿Todavía puedes ir a trabajar? ¿Qué otras responsabilidades diarias pueden verse obstaculizadas por tu tibia sensible? ¡Sé flexible! Por ejemplo, mi esposo se encarga de todas nuestras compras de comestibles y cocina la cena, así que cuando se rompió la clavícula en una imprudente salida en motocicleta, tuvimos que hacer arreglos alternativos para comer durante las siguientes cuatro a seis semanas. Se llaman Eggos; te sugiero que investigues sobre ellos.

✔ No puedo entrar en mi vestido de dama de honor / esmoquin para esta boda en la que participo... hoy

Asumiendo que tu DIR es aparecer como acompañante de la novia o en la fiesta de preparación de la boda y festejar a tus amigos mientras usas el atuendo de bodas oficial de su elección, es posible que debas resignarte a verte un poco atiborrado en las fotos, pero luego derrama «accidentalmente» un poco de vino tinto en tus trapos durante la cena y cámbiate por ese atuendo espacioso pero apropiado para la boda que «¡habías olvidado por completo que tenías en tu cajuela!».

✔ Fallé en mi examen para la licencia de conducir

Yo igual. La forma en que yo lo manejé fue maldecir silenciosamente la truculenta señal de alto, lamentarme por ello durante un día y luego volver a tomar la prueba lo antes posible. Si fallas una y otra vez, quizá debas practicar más. O resignarte a una vida de transporte público. O comprometerte a ganar suficiente dinero para poder pagar un chofer. #METAS.

✔ Las tuberías de mi casa se congelaron y estallaron

Como una relativamente nueva propietaria de casa, todo el tiempo estoy sorprendida por el volumen de mierda que puede salir mal dentro, debajo, alrededor y encima de la casa. El hecho de que cualquier falla en el domicilio esté ocurriendo en el mismo lugar donde también necesitas dormir —ni hablar de probablemente trabajar y criar un hijo—, lo hace potencialmente el triple de frustrante. Como tal, es posible que te sientas tentado a desperdiciar fondos del trastorno agitando los puños a los dioses del cielo cuando te das cuenta de lo que sucedió detrás de las paredes de tu cocina. Pero debes sofocar ese impulso y dirigir tus energías a la tarea mucho más urgente de encontrar un buen plomero que pueda presentarse lo más pronto posible.

✔ **Hace poco decidí conseguir una Whopper con queso a las 6:30 a. m. Mientras conducía, se cayó mi hamburguesa con queso y choqué por detrás a alguien en un semáforo en rojo**

¿Quién de nosotros no ha tenido la necesidad de consumir carne procesada a primera hora del día? «Hazlo a tu manera», ciertamente, encuestado anónimo. Espero que después de reírte de lo absurdo de tu predicamento, hayas revisado rápida y responsablemente ambos autos en busca de daños y, si resultó necesario, te hayas comunicado con las respectivas compañías de seguros. También espero que hayas regresado por una Whopper de reemplazo. Habrás necesitado fuerza para explicarle a tu jefe por qué llegaste una hora tarde al trabajo, cubierto de salsa especial.

✔ Mi mejor amiga está enojada conmigo

¿Es porque derramaste vino tinto en ese vestido de dama de honor que seleccionó con tanto cariño hace un año y en el que ahora pareces una salchicha lila de tafetán? ¿No? De acuerdo, sea cual sea el motivo, realiza una rápida evaluación de las razones por las que podrías necesitar disculparte y qué tan pronto podrás incluirlo en tu apretada agenda de lectura de libros de autoayuda profanos. Si tú te has equivocado y tu DIR es seguir siendo las mejores amigas, entonces a trabajar. O si este incidente te proporciona un camino conveniente para reducir tus tendencias codependientes y las de Marsha, también está bien. A ver quién se quiebra primero.

✔ Tuve que seguir una dieta muy severa debido a problemas de salud

¿Recuerdas cuando dije que todo lo que está pasando en tu vida apesta tanto como crees, y que nunca sería yo la que te dijera: «Todo va a estar bien» o «Ah, no es tan malo»?

BUENO, CONSIDÉRAME UNA MUJER DE PUTA PALABRA.

Si vas por este camino, tienes mi más sentido pésame. Y, por favor, debes saber que al dirigir una mirada lógica al problema, de ninguna manera invalido tu angustia emocional. Las restricciones dietéticas son una mierda, horribles. Nos roban uno de

> Dato curioso: en mi encuesta anónima pregunté: «¿Odias cuando sucede algo malo y la gente te dice que todo va a estar bien?». 77.4% de los encuestados respondió «Sí, eso me jode».

los placeres más grandes de la vida y, a menudo, son costosas y muy difíciles de cumplir. Miseria del más alto nivel.

Relajarte un chingo será un desafío, pero ahora cuentas con algunas herramientas nuevas y elegantes para ayudarte a comenzar. ¿Puedes tramar vengarte del gluten? No veo por qué no.

Lidiar con ello será una combinación de planificación anticipada y afrontamiento en-el-momento cuando te encuentres frente a un menú de *brunch*, *hors d'oeuvres* o la cafetería de un hospital. Además de viajar a todas partes con bocadillos adecuados, ¿qué puedes hacer? Haz un balance: ¿qué se ofrece y qué no agravará tu condición? Desenlace ideal realista: Tener lo suficiente para comer y no enfermarte. Triaje: dependiendo de tu situación, este puede ser el momento de desplegar tus bocadillos de bolsillo para asegurarte de no sentir enojo debido al hambre; luego, buscar un mesero para preguntar sobre los ingredientes y las posibles sustituciones. Además, por si te sirve de algo, he oído que la leche de avena es buena.

Mierda de veras pesada

Puf. Para ser honesta, he estado temiendo esta parte desde que comencé a escribir *Relájate un chingo*, no porque esté repleta de cosas de pesadilla (aunque también por eso), sino porque estoy preocupada sobre afirmarme como una autoridad en lidiar con lo peor que la vida tiene para ofrecer. Es una gran responsabilidad para una antigurú malhablada, y aunque experimenté mierda realmente pesada en el pasado, de ninguna manera he acaparado el mercado.

Los problemas que abordaré en el último segmento de nuestra ronda relámpago se encuentran entre los más dolorosos y difíciles —si no imposibles— de resolver para cualquiera. En la mayoría de los casos, dudo que sean siquiera los problemas con los que viniste a buscar ayuda a *Relájate un chingo*; ciertamente, hay tomos más exhaustivos escritos por personas más calificadas que yo sobre temas como el divorcio, la enfermedad y la muerte que podrías conseguir si así lo deseas.[35]

Al leer esta sección, es posible que te preguntes quién diablos me creo que soy para decirte a *ti* cómo sobrellevar el desmoronamiento de tu matrimonio o prepararte para la quimioterapia. ¿Qué derecho tengo para parlotear sobre las secuelas productivas de un allanamiento de morada o sobrellevar las emocional y físicamente devastadoras pruebas de infertilidad? Por no hablar de aconsejarle sobre la lluvia radiactiva y las chinches, dos cosas con las que tengo exactamente cero experiencia. (Hasta ahora, al menos. ¡Gracias, Obama!).

Tienes derecho a preguntarte estas cosas. Como dije, yo también me las he preguntado. Pero creo en el poder del método Sinpreocuparse para ayudarte incluso en tus momentos más oscuros, precisamente **porque es una forma diferente de ver esos momentos oscuros de aquella a la que puedes estar acostumbrado a recibir de tus amigos y familiares, o incluso de tu terapeuta.**

---

[35] Definitivamente, los hay.

Eso quiere decir que si las siguientes páginas de consejos te parecen brutalmente pragmáticas y carentes de emociones... bueno, ese es el punto.

Escribí *Relájate un chingo* al servicio de la noción de que nadie más en tu vida te está dando consejos brutalmente pragmáticos y carentes de emociones sobre tu ansiedad, estrés y problemas porque están demasiado ocupados diciéndote que TODO VA A ESTAR BIEN y pasando por alto los aspectos prácticos de cómo exactamente llegar allí.

Y al igual que al 77.4% de los encuestados, eso me jode.

Dicho esto, mis sugerencias para lidiar con tu mierda de veras pesada vienen con el mismo calificador que he proporcionado algunas veces en este libro: **ansiedad, pánico, depresión y trauma pueden ser candidatos para el tratamiento Sinpreocuparse, pero también son Noesbroma.** Si estás pasando por cualquiera de las cosas sobre las que estoy a punto de presentar un sucinto párrafo de consejo sobre cómo lidiar con ello, significaría mucho para mí si *también* buscas hablar con un profesional sobre lo que puedes hacer para sentirte mejor y seguir adelante.

Gracias de antemano por complacerme.

Con eso, entramos en la tercera y última fase de tormentas de mierda totales: un catálogo de terror. Si la primera de estas secciones fue como darte un baño tibio, esta es más como despertarte en una tina llena de hielo y descubrir que te hace falta un riñón.

Y aunque no necesariamente tengo todas las respuestas, **espero poder hacer que apuntes en la maldita dirección correcta.**

Miau.

✔ Me robaron

Ya sea que te hayan extraído la cartera, que hayan roto tu caja fuerte o que te hayan robado el automóvil, debes estar asustado. Y dependiendo del botín de los ladrones, podrías estar un poco o muy molesto. Agrega cualquier daño corporal grave y tendremos una tríada de mierda con que lidiar... y eso es DESPUÉS de que hayas logrado relajarte un chingo. Pero solo en términos de lidiar con ello, primero, garantiza tu seguridad personal. Llama a la policía. ¿Crees que podrías estar sufriendo una conmoción cerebral? Llama una ambulancia.

La casa de un amigo mío fue asaltada hace poco, con sus hijos dentro. Se suponía que él se presentaría en un concierto esa noche, pero en su lugar abandonó el concierto, consiguió tapiar la puerta principal destrozada y vigiló a su familia hasta la mañana siguiente.

Prioridades, amigos. Prioridades.

Puedes aplicar el mismo proceso de triaje para obtener un reembolso por las cosas que perdiste y reemplazar las más urgentes primero, si puedes pagarlas y/o si tu compañía de seguros las cubre.

También debes comenzar a hacer las rondas de «Entonces, *esto* sucedió». Con eso quiero decir: cuéntale a la gente lo que pasa, para que los demás puedan ayudarte o al menos calmar algunas de tus preocupaciones más apremiantes. Por ejemplo, si tienes una inminente fecha límite marcada, te sentirás 1 000 002% mejor una vez que informes a quien deba saber que te robaron la computadora portátil y sin duda te otorgarán una prórroga porque, quienquiera que sea, no es un imbécil.

Esta es una situación terrible, espantosa; no buena, muy mala, sin duda alguna, pero ni un trastorno prolongado ni un desordenado esfuerzo para lidiar con ella te ayudarán a salvar tu mierda. Haz un balance, identifica tu desenlace ideal y luego síguelo, enfocándote en un paso a la vez, el más urgente.

> NOTA: Si por «Me robaron» te refieres a que tus bocadillos de cerdo deberían haber quedado en primer lugar en el Desafío Anual de Carne Ahumada del Club de los Arces, eso se abordó unas páginas atrás en el catálogo. Para la próxima vez, ¿puedo sugerirte que ahúmes un verdadero alce? Los jueces de programas gastronómicos de televisión siempre dan puntos extra por adecuarte al tema. No pierdes nada intentando.

✔ Me voy a divorciar

Esto podría *estarte* sucediendo o podría ser por petición tuya, pero quizá sea terrible para todos los involucrados, cualquiera sea el caso. No estoy tratando de minimizar la tensión emocional por la que estás pasando cuando digo: «Una cosa que puedes hacer es ser lógico y priorizar».

Pero, ehm, ¿quizá podrías intentarlo?

Si el divorcio está a la vista y no hay nada que puedas hacer para evitar que tu matrimonio se disuelva, ahora es un buen momento para enfocarte en lo que *puedes* controlar y en lograr tu desenlace ideal realista. Quizás ese DIR sea separarte de la manera más amigable posible. Tal vez sea conseguir la casa, los autos y la custodia total de la Instant Pot. Tal vez solo sea pasar por todo el proceso sin que tus hijos te vean llorar. No será fácil, pero si consigues meter a la jaula a tus cachorros emocionales —incluso por periodos cortos—, en servicio de esos objetivos concretos, al menos estarás «lidiando con ello» de una manera más efectiva.

Además: ¡Estofado de cordero en solo 35 minutos!

✔ Estamos teniendo dificultades para tener un bebé

Jesús, lo siento. Te dije que estaba a punto de ponerse oscuro en esta parte.

No sé prácticamente nada sobre embarazos, salvo que nunca quiero experimentar uno, lo que tal vez me convierte en la menos calificada gurú, anti- o de cualquier otro tipo, para dar asesoría de campo sobre este tema. Aun así, recuerdo una conversación que tuve con una querida amiga hace varios años, mucho antes de que desarrollara el método Sinpreocuparse. Ella y su esposo habían estado tratando de concebir sin éxito durante mucho tiempo, y sobre una bandeja de aplicaciones del Medio Oriente afirmé con tono confiado: «Todo estará bien. Estoy segura de que ustedes lo resolverán». (En pro de divulgación completa, es posible que incluso haya dicho algo como: «solo necesitan relajarse»).

En otras palabras, respondí justo de la manera EQUIVOCADA. La expresión de su rostro era en parte miseria y en parte asesinato en segundo grado.

Admito que es posible que esté a punto de compensar en exceso en la otra dirección, pero por quien hace un cesto, hará una ronda de fecundación *in vitro*, ¿no tengo razón?[36] Si estás experimentando la misma mezcla de angustia e ira por tus circunstancias que mi amiga, te pregunto ahora —*con todo respeto*—, si eso pudiera ayudarte a meter a la jaula a tus cachorros emocionales por un tiempo y sacar a los logigatos para emprender una misión de reconocimiento.

Respira hondo y haz un balance: ¿en qué punto te encuentras en términos de tu edad fértil o la de tu pareja? ¿Dónde estás en el proceso de intentarlo? ¿Has hecho todo lo posible o todavía quedan piedras sin remover? ¿Cuánto tiempo, energía y dinero puedes gastar?

Después de enfrentarte a estas preguntas, es posible que no tengas las respuestas que *deseas* y es casi seguro que todavía estarás triste y enojada, pero al menos tendrás algo de claridad sobre tu posición y sobre cuáles son tus opciones para seguir adelante. La claridad es buena.

Lo que sea que quede *realista e ideal* para ti es donde puedes seguir gastando tiempo, energía y dinero de manera productiva, ya sea para seguir haciendo lo que haces, o bien, para buscar alternativas. De esta manera, estás trabajando duro y de forma inteligente para alcanzar tu objetivo de convertirte en madre, y puedes sentirte bien por eso, incluso cuando no puedas evitar sentirte mal por las partes del proceso que simplemente no puedes controlar.

---

[36] Sí, sé que estoy tentando a mi suerte en este punto. Es parte de mi encanto.

Si has pasado por esto, sé que has vivido un maldito calvario, al igual que muchos de mis amigos y familiares. Y un enfoque racional puede parecer desprovisto de empatía. Pero funciona.

Solo quiero ayudarte a aceptar donde estás y a llegar adonde quieres estar.

✔ Francia se quedó sin mantequilla

HECHO: hubo escasez de mantequilla en los supermercados franceses a finales de 2017 y no voy a decir que me causó palpitaciones cuando leí los titulares, pero tampoco lo negaré. Manténganse atentos, mi gente. Si vuelve a suceder, tendrás que ponerte al día con las mejores prácticas de acaparamiento *tout de suite*. (Y si crees que esto se califica como una simple mierda «tediosa», entonces usted, *Monsieur*, nunca ha comido un croissant decente).

✔ Acaba de ocurrir un desastre natural

Ya hablé un poco de los huracanes en el libro, pero también existen los tornados, inundaciones, incendios forestales, erupciones volcánicas, terremotos y —la estrella de mis pesadillas más aterradoras— tsunamis. Dudo en hacer generalizaciones (y mucho menos, chistes), puesto que la familia de mi esposo vivió el huracán Katrina; la mamá de mi amiga perdió su casa a manos de Harvey; y el otro día, un terremoto a 480 kilómetros de distancia sacudió nuestra casa, causando que el sofá en el que estaba sentada vibrara como una cama de motel, y que al menos 15 personas murieran en su epicentro, en Haití. Esta mierda está jodida. Pero si tienes la suerte de despertar a la mañana siguiente de una megacalamidad y todavía tienes aliento en los pulmones, bueno, estás hasta las rodillas en lidiar con ello. Y antes de que puedas tener la esperanza de lograr una solución completa o comenzar con algunos trabajos de rescate, lo harás desde un lugar de supervivencia básica. Agua, comida y refugio. Los necesitas, así que es hora de buscarlos.

Pero sabes eso. En realidad, solo soy yo dando voz a tu cerebro de lagarto, recordándote que tus instintos para preservar tu seguridad personal son en sí mismos tu mejor modelo para «lidiar con ello».

✔ Me diagnosticaron [inserta algo terrible]

Amigos, ya he aceptado la realidad de que, cuando se publique este libro, seré atacada salvajemente por un número no pequeño de lectores que me acusarán de jugar a mi antojo con la tragedia, la perversión y la angustia. Lo único que puedo decir es que el libro no se llama *Siéntete mejor, cariño, esto también pasará*.

Como he subrayado repetidamente, y sin duda para irritación de mi editor (aunque no para el departamento legal), NO SOY MÉDICA. No soy experta en nada, en realidad, a menos que «odiar a los Yankees de Nueva York con ardiente pasión» cuente. En estas mismas páginas he admitido que la ansiedad, el pánico y el modo avestruz son mis propios mecanismos instintivos de afrontamiento y que a menudo confío en la maravilla de los medicamentos de prescripción para calibrar mi cerebro y mi cuerpo, propensos al trastorno.

Y, sin embargo, también en estas páginas he intentado mostrar que es posible relajarse un chingo y lidiar con las cosas de una manera más efectiva y eficiente que manteniéndose comprometido con los ansiosos, tristes, enojados, evasivos procesos de agitación que tú y yo hemos «disfrutado» hasta ahora.

Con respecto a un problema de salud de las grandes ligas, no me hago ilusiones de que cualquiera de nosotros pueda aceptar con tranquilidad algo como una enfermedad crónica o —Dios mío— potencialmente fatal. Pero en lo personal, yo me esforzaría muchísimo en hacer tantas preocupaciones útiles, funcionales y fructíferas como pudiera.

Además, ¿a quién engañamos? Yo lloraría en serio, caería en el hambre emocional y pediría una receta de marihuana medicinal de inmediato.

✔ La guerra nuclear acaba de estallar

JA, JA, JA, JA, JA, JA. Sé cuando he perdido.

✔ Chinches

Nunca he tenido chinches, pero mis amigos sí, y sus vidas se convirtieron durante meses en una confusión de productos químicos tóxicos, bolsas para los colchones y recibos de limpieza en seco. Tal vez pueda hacer que colaboren con una publicación como invitados en mi sitio web. Mantente al tanto.

Mientras tanto, puedo decirte que tuvimos termitas el año pasado y me enorgullece decir que evité trastornarme por completo. Una vez que descubrimos sus felices montones de excremento acumulados en el armario debajo de las escaleras, entré en la *zona* de Lidia con ello, ya te digo. Aspirar las sobras, sacar toda la comida, los platos y la mierda contaminante de la casa, llamar a un exterminador para que fumigara, para luego, quitar cada puntada de la tela tratada y hacerla lavar. Dos veces. Luego, aconsejada por el exterminador, ir al paso adicional y profundamente molesto de quitar la madera afectada por completo —lo que requeriría reconstruir dicho armario debajo de las escaleras—, y decir DEMONIOS, SÍ, HAY QUE HACERLO. Una semana más tarde estábamos bailando libres de excrementos.

Esas hijas de puta nunca me vieron venir.

✔ Muerte

Quizá te hayas estado preguntando cuándo iba a llegar a la muerte. No a la muerte de un hámster o un gato, sino de seres-humanos-en-toda-regla-que-dejan-de-ser. Has estado pasando el tiempo, esperando a que salga hacia la madre de todas las tormentas de mierda, preguntándote cómo —exactamente *cómo*— la pequeña miss antigurú propone *relajarse un chingo al respecto* y *lidiar con la M-U-E-R-T-E.*

Y tal vez no debería haber incluido esta sección, para no empañar la valiosa autoridad y benevolencia que me he ganado hasta ahora. Pero todos debemos lidiar con la muerte en algún momento —la nuestra o la de nuestros seres queridos—, e ignorar eso me convertiría en una ignorante deliberada o en una asquerosa y sucia tramposa, nada de lo cual querría tener como epitafio. Además, pienso en la muerte TODO EL TIEMPO, así que bien podría explotar mi propia imaginación hiperactiva para la diversión y el beneficio.

Para obtener el efecto completo, retrocedamos un poco a la mierda que todavía no ha sucedido y hablemos de la ansiedad ante la mera *perspectiva* de la muerte.

Para mí, esta es la madre de las tarántulas. Es adonde conducen casi todas mis pequeñas ansiedades; como: *acabo de ver al conductor del autobús bostezar*, que con absoluta facilidad hace metástasis en: *qué tal si morimos en un accidente en la carretera y mis padres tienen que limpiar nuestra casa, lo que incluye el cajón de mi mesa de noche, lo que incluye... oh, oh.* Entonces, una vez que llegué tan lejos, no hay lugar peor adónde ir. Termina siendo un alivio mirar este terrorífico «y si» directamente a la cara para poder quitarlo con mi confiable kit de herramientas RUCh y seguir adelante.

¿Conductores de autobús bostezando? Piensa en la *probabilidad*. Este tipo conduce la ruta de las 7:00 a. m. entre Nueva York y Maine cinco días a la semana. Tiene derecho a estar un poco cansado, pero esta no es su primera vuelta y se está empacando un americano de medio litro con azúcar, así que…

¿Un artículo muy difundido por una fuente de noticias confiable que predice que el mundo se volverá inhabitable para el 2040? Pregúntate: ¿es esto algo que puedo controlar? Acepto lo que no puedo cambiar de esta situación (la mayor parte) y me enfoco en lo que puedo (votar por legisladores que creen en la ciencia climática, reducir mi propia huella de carbono, mudarme tierra adentro en diez años). Desecho. Organizo. Me relajo un chingo. Una vez más, no voy a afirmar que *siempre* funciona; la ansiedad, el pánico y el desaliento son suficientemente malos; cuando agregas dolor y sufrimiento a la mezcla, puedes sentirte RÁPIDAMENTE abrumado. Pero estas técnicas funcionan para mí la *mayor* parte del tiempo, y eso es mucho mejor que *nunca*.

¿Alguien que conozco tiene una enfermedad terminal o simplemente se acerca cada vez más a una edad terminal? Reconoce la *inevitabilidad*. Esta categoría 5 ya está formada; puedo trastornarme ahora o tomar la decisión consciente de esperar a que toque tierra antes de sacar mi fina cabeza emplumada de la arena. En otras palabras: va a ser insoportable cuando yo tenga que enfrentarlo, así que ¿por qué torturarme cuando todavía no ha sucedido? Cuando me agarran los puntiagudos y pequeños dientes de estos cachorros emocionales en particular, me suelto de manera lógica, racional y metódica. El hecho de que estos esfuerzos tengan éxito en aplastar mis exacerbaciones ansiosas e irracionales es casi un milagro equivalente a que alguien venza un cáncer en su etapa cinco. Creo que eso por sí mismo los hace dignos de tu consideración.

Pero luego está el tipo de muerte que no ves venir. La noticia repentina, impredecible e insondable que te lleva de la preocupación ansiosa a la realidad devastadora: mierda que ya sucedió. Podría intentar suavizar el golpe diciendo que espero que nunca tengas motivos para seguir mi consejo en este frente, pero ambos sabemos que tendrás que hacerlo, y la falta de sinceridad no es mi fuerte.

Entonces, cuando esa tormenta de mierda toca tierra, ¿cómo lidias con ella?

Mi médico me dijo una vez que la sensación de injusticia es uno de los mayores desencadenantes de la ansiedad y el pánico, y no puedo pensar en una injusticia mayor que la muerte de un ser querido, ya sea anticipada o inesperada. Cuando sucede, es probable que experimentes una variedad de emociones caóticas prolongadas. Tristeza, ciertamente. Incluso rabia. Pero si bien la depresión y la ira se encuentran entre las cinco etapas del duelo que se hicieron famosas en el trascendental libro de Elisabeth Kübler-Ross, *Sobre la muerte y los moribundos*, también señalaré amablemente que la aceptación es la última etapa.

Y a estas alturas, ya sabes algo sobre cómo encontrar el camino. No necesariamente para aceptar el desenlace en sí mismo, sino tan solo para aceptar la *realidad de este*, lo que te permitirá seguir adelante.

He estado allí —recibiendo la llamada, llorando durante horas, tropezando a través de los días, preguntándome si algo podría doler más o si esto alguna vez dolerá menos—, y en esos momentos, me recuerdo a mí misma que llegaré a la aceptación algún día, porque *es lo que hacen los humanos*. Ninguno de nosotros vive para siempre, lo que significa que todos los días, lo sepamos o no, nos encontramos con alguien en el proceso de sobrevivir a la muerte de otra persona. Para mí, en los últimos años ha sido una amiga que perdió a su hermano, una colega que perdió a su esposo, y cada miembro de mi familia que perdió en un solo hombre a su pareja, padre, hermano, tío y abuelo. Verlos a todos pasar sus días y seguir adelante con sus vidas me muestra que es posible hacer lo mismo.

No será fácil y va a doler hasta la madre, pero es posible.

Entonces, ¿adónde vas desde allí? Aparte del dolor, que es casi imposible de controlar con otra cosa que no sea la marcha del tiempo, ¿cuáles son los aspectos prácticos de «lidiar con» la muerte? A menudo, heredamos responsabilidades como organizar un funeral, vaciar la casa de un ser querido o ejecutar un testamento. Y por macabras que sean estas tareas, para muchos de nosotros también pueden ser útiles. Al abordarlas, reconocerás elementos de la prestidigitación de la mente, como reenfocar tu cerebro nebuloso en planes orientados a los detalles que requieren que todos los lógicos suban a cubierta, u ocupar tus manos nerviosas en tareas sin sentido que te permiten distraerte por un momento.

En algún momento, habrás estado practicando cómo calmarte sin darte cuenta. Y una vez que experimentes el beneficio de eso unas cuantas veces, incluso puedes mejorar en hacerlo a propósito.

Sin embargo, y como lo describe Kübler-Ross, el duelo es un proceso no lineal. Es posible que te sientas mejor un día y mucho peor al siguiente. No estoy diciendo que todo estará bien. Pero así *será*. Al ser quien quedó atrás, estás a cargo de lo que eso significa para ti.

Y solo recuerda: siempre que necesites dejar que esos cachorros emocionales corran libres, tienes las llaves de la jaula. No es ninguna vergüenza usarlas.

Guau.

VOLVEMOS CONTIGO, BOB

¡Vaya! Eso fue intenso. Pero... ¿estarías de acuerdo en que el catálogo del terror se vuelve un poco menos aterrador y un poco-mucho-más manejable cuando confrontas cada entrada racionalmente en lugar de emocionalmente, con una perspectiva pragmática de los desenlaces?

¿Y que estas técnicas se pueden aplicar en una amplia gama de situaciones «y si» y preocupaciones?

Espero que sí. **Relájate un chingo siempre tuvo la intención de ofrecerte un conjunto de herramientas para todo tipo de problemas.** Quiero decir, a pesar de mi existencia tropical de relativamente bajo impacto, no es como si tuviera el tiempo o los medios para escribir un libro que cubra todas las versiones posibles de toda la mierda que tal vez y/o probablemente le sucederá a cada lector, y cómo manejarla.

Pero tú no necesitabas ese libro de cualquier forma.

Lo que tú necesitas es un conjunto de herramientas mentales que puedas *aplicar* a cada posible iteración de toda la mierda que tal vez y/o probablemente te suceda a ti.

Creo que eso lo he proporcionado. Y en tan solo un momento, llegará la hora de permitirte presumir tus nuevas habilidades para la toma de decisiones y la resolución de problemas en un salto de esquí digno de nuestro viejo amigo, el supergalán italiano Alberto Tomba.

Sin embargo, antes de que le des vuelta a esta página, solo quiero decir dos cosas más:

1. Tengo fe en ti.

2. Inmediatamente después de la siguiente sección, hay un epílogo en la página 303. No olvides echar un vistazo a las últimas palabras sobre mi propia búsqueda personal para relajarme un chingo. Tiene que ver con un gato salvaje, un poco de aceite de coco y una tormenta de mierda que el probómetro nunca podría haber predicho.

Y ahora, ¡adelante con la siguiente... AVENTURA!

IV

Elige tu propia aventura

CUANDO LA MIERDA SUCEDA,
¿CÓMO TE RELAJARÁS UN CHINGO
Y LIDIARÁS CON ELLO?

¡La cuarta parte será muy divertida! En un esfuerzo por poner en práctica todo lo que te he enseñado a lo largo de *Relájate un chingo* en una sección interactiva y alocada, te presentaré un dilema totalmente verosímil y TÚ podrás reaccionar y resolverlo por ti mismo.

¿Listo?

Bien. Porque la mierda *acaba de suceder*, cariño

Viajas lejos de casa. Lo suficientemente lejos como para tener que tomar un avión, y por un tiempo lo suficientemente largo como para que no pudiera caber todo tu equipaje en una mochila de mano y tuvieras que documentar alguna maleta. Además, viajas para una ocasión particular para la que debes empacar *en* la maleta algunos artículos específicos y muy importantes. Ahora, esa maleta se pierde en algún lugar entre tu punto de origen y tu destino final.

¿Qué había en la maleta? Bueno, quiero asegurarme de que toda esta oferta de «Elige tu propia aventura» funcione para todos, así que supongamos que **has perdido uno o más de los siguientes objetos:**

✔ Una importante prenda de vestir que, se supone, debes usar en este viaje, como las orejas de Spock para la convención Trekkie; una playera personalizada para la fiesta de cumpleaños de tu mejor amiga (Estuve en los 40 de Rashida y lo único que obtuve fue la perimenopausia); un esmoquin para la ceremonia de premiación de un viaje de trabajo, o tus zapatos de boliche de la suerte para los Campeonatos de la Liga Regional del Noreste.

- ✔ Tu pijama favorita.

- ✔ Un artículo especial difícil de reemplazar.

- ✔ Todos tus cargadores y cables. Todos y cada uno.

- ✔ La foto enmarcada de tu gato con la que siempre viajas. (¿Qué? Me sorprendería que ni un *solo* lector se identifique con este ejemplo).

- ✔ Un juguete sexual realmente genial.

¿Cómo reaccionas?

Oye, a mí no me mires. Yo no conozco tu vida. Pero por el bien de este complicado truco en el que estoy a punto de embarcarme, digamos que tu primer instinto es asustarte. Elige cualquiera de las cuatro caras que parezca más probable que descienda sobre ti en este momento de estrés y mierda extremos, y luego síguela en una aventura iluminadora para relajarte un chingo y lidiar con ello. (O no, dependiendo de las elecciones que tomes).

Luego, solo para ser minucioso, elige otra y síguela.

De hecho, ¿sabes qué? Léelas todas. ¿Qué otra cosa tienes que hacer esta noche?

¡En sus marcas, listos, TRASTORNO!

Si eliges **ANSIOSO**, ve a la página **A**.

Si eliges **TRISTE**, ve a la página **J**.

Si eliges **ENOJADO**, ve a la página **O**.

Si eliges **EVASIVO**, ve a la página **T**.

Elegiste 😬 ANSIEDAD

Por lo que vale, estoy totalmente contigo en este caso. Aunque no conozco tu vida, conozco la mía, y si hubiera perdido cada prenda de ropa de playa que traje conmigo a las Bermudas para las vacaciones de primavera de 2000, además de la copia de *La Odisea* que se suponía que debía estudiar para mi examen final de literatura universal, MÁS la botella de Advil llena de hierba que olvidé que había guardado en mi kit de baño, habría estado muy ansiosa. Mi potencial bronceado y mi promedio general en peligro y, si *en efecto* localizaran mi maleta, la amenaza de un equipo SWAT de las Bermudas golpeando a la puerta de mi habitación de hotel, ¿y yo sin mis «hierbas calmantes»? ¡Cielos!

Volvamos a ti.

Entiendo totalmente por qué te sientes ansiosa. Pero la ansiedad no resolverá el Misterio del equipaje perdido ni hará que tus orejas de Spock y tu vibrador Magic Wand™ vuelvan en buenas condiciones. Necesitas relajarte un chingo.

Pero ¿cómo?

Repasamos esto en la segunda parte. ¡TIENES QUE ENFOCARTE, JIM!

Muéstrale a la ansiedad el dedo (o los dedos): ve a la página **B**.

A bailar con P.O.P. (Problemas de otras personas):

Ve a la página **C**.

No, solo voy a entrar en pánico. Ve a la página **D**.

Elegiste «Muéstrale a la ansiedad el dedo (o los dedos)»

Como recordarás, este mecanismo de afrontamiento te encuentra haciendo algo constructivo con tus manos para poner tu enfoque en otra parte por un momento y darle un descanso a tu cerebro. Como:

Si estás de pie en el área de reclamo de equipaje siendo hipnotizado hacia un ataque de pánico por las rotaciones de un carrusel de equipaje vacío, debes salir de ese estado en un chasquido. ¿Por qué no literalmente? Intenta chasquear los dedos cien veces y, una vez que hayas terminado, es hora de irte del lugar.

O dirígete a la tienda de chucherías más cercana del aeropuerto y busca entre sus productos. Si venden pelotas antiestrés —¡hurraaa!—, ya lo tienes. Pero, si no es así, compra una cajita de hilo dental. Mientras vayas en el taxi con rumbo a tu hotel, desenrolla todo y luego enfráscate en ese juego de hacer figuras con los hilos hasta que tus dedos sangren y huelan a menta fresca. Listo, ahora tienes algo diferente de qué preocuparte.

Por último, una vez que llegues a tu hotel y te des cuenta de que es posible que tu vibrador nunca salga del aeropuerto internacional de Denver, bueno, hay formas de adormecerte que no requieren baterías.

Uf. ¿Te sientes un poco más tranquilo, considerando todo? Bien, bien. ¿Te gustaría darle un giro a ese segundo mecanismo de afrontamiento también, o tan solo pasar directamente a lidiar con ello?

¿Sabes qué? Creo que intentaré «Bailar con POP (Problemas de otras personas)». ¿Por qué diablos no? Adorable. Ve a la página **C**.

¡Estoy listo para lidiar con ello! Ve a la página **E1**.

C

Elegiste «bailar con POP (Problemas de otras personas)»

Estás teniendo un día difícil, cosita. Una forma de distraerte de tus problemas o hacer que te sientas mejor con ellos es enfocarte en los de otra persona.

Como la señora con el niño que no paraba de gritar y que estaba sentada unas filas delante de ti. Apuesto a que *desearía* que la vuvuzela humana estuviera pasando el rato en Objetos perdidos del aeropuerto internacional de Denver ahora mismo. Luego, ahí tienes a la tripulación de vuelo, que tiene el privilegio de cerrar un turno de ocho horas explorando las grietas entre cada cojín de este avión de doscientos asientos en busca de migajas, galletas saladas sueltas y chupetes perdidos. **BONUS:** Si vas a tomar un taxi para el hotel de la convención TrekFest, esta es la única vez que querrás entablar una conversación con el conductor preguntándole: «Oye, ¿qué es lo peor que te ha pasado esta semana? ¡Cuéntamelo todo!». En mi experiencia con los taxistas locuaces, es probable que tu situación actual parezca leve en comparación con las historias de propietarios codiciosos, deudas de préstamos estudiantiles, exesposas apuñaladoras y «esa vez que Eric Trump recibió sexo oral en mi asiento trasero».

¿Te sientes un poco mejor? Oh, vamos, admítelo, te olvidaste temporalmente de tu equipaje perdido mientras imaginabas al pobre taxista teniendo que evitar ver la cara en forma de O de Eric por el espejo retrovisor. Eso era lo único que necesitabas:

distracción con un lado de *schadenfreude*.[37] Pero si quieres volver atrás y mostrarle a la ansiedad el dedo (o los dedos), siéntete libre.

Eso fue útil, pero quiero ver qué más tienes. Ve a la página **B**.

¡Estoy listo para **lidiar con ello!** Ve a la página **E1**.

---

[37] N. de la T.: *Schadenfreude*, en alemán en el original, significa «regocijo por el caído, alegría por el mal ajeno».

¡Oh, oh, decidiste entrar en PÁNICO!

Estás hiperventilando con tanta fuerza que apenas puedes explicarle a la persona de asistencia por qué es TERRIBLEMENTE URGENTE que Delta recupere tu maleta LO ANTES POSIBLE porque NUNCA PODRÁS OBTENER UN NUEVO PAR DE OREJAS DE SPOCK PERSONALIZADAS A TIEMPO PARA SER EL MAESTRO DE CEREMONIAS DE LA BATALLA DE BANDAS DE MAÑANA: «LA BÚSQUEDA DEL ROCK».

Amigo, vas con valentía a ninguna parte con esa mierda. O, como diría el propio Spock: «Tus emociones tontas e ilógicas son una irritación constante». ¿Estás absolutamente seguro de que no quieres ver lo que está sucediendo en el lado opuesto?

SÍ, SÍ ME GUSTARÍA INTENTAR MOSTRARLE A LA ANSIEDAD EL DEDO (O LOS DEDOS), POR FAVOR. Buena elección. Ve a la página **B**.

Me he equivocado. Por favor, redirígeme a «bailar con P.O.P.». En retrospectiva, eso parece mucho más prudente que el curso que he tomado hasta ahora. Ve a la página **C**.

A la mierda. Ya he perdido demasiado tiempo. Llévame directamente a lidiar con ello. Ve a la página **F1**. (Pero no digas que no te lo advertí...).

Lidiar con ello después de que te hayas relajado un chingo

¡Vaya, qué bien estás llevando este momento de crisis! Eres un faro de esperanza y luz para todos nosotros. Reconociste la cara del trastorno reptando hacia ti y te resististe. Regresaste tu frecuencia cardiaca a la normalidad y evitaste un ataque de pánico en toda regla, por lo que ahora puedes enfocarte en resolver (o al menos, mitigar) tu problema a tiempo para disfrutar el resto de tu viaje. Has estado esperando el TrekFest durante todo un año; ahora es el momento de ser *emprendedor* en tus esfuerzos por lidiar con esta mierda.

Haz un balance:

Ya sabes lo que te falta. Ahora piensa dónde estás y lo fácil o difícil que puede ser comprar o pedir equipo de reemplazo, en cualquiera que sea el tiempo que te quede para hacerlo. Pondera también lo relativo a tus otros recursos. ¿Cuánta energía deseas gastar, en realidad, corriendo por una ciudad desconocida durante toda la noche, cuando es *posible* que tus maletas lleguen mañana en el vuelo temprano a Kansas City? ¿Y qué probabilidades hay de que encuentres orejas de Spock con tan poca antelación? Además, si ya pusiste a prueba los límites de tu tarjeta

American Express en las entradas del Festival, es posible que no tengas mucho dinero en efectivo (o crédito) para reemplazar todos tus dispositivos electrónicos desaparecidos de una sola vez. Examina el daño, evalúa el potencial de recuperación y luego toma algunas decisiones sobre la marcha. Tú puedes.

¿Cuál es tu desenlace ideal realista? Elige uno:

DIR 1: **Asumiendo que tus maletas no aparecerán por su propia voluntad, quieres hacer tantas consultas como puedas, luego dormir bien y reunir la voluntad para continuar por la mañana.** Ve a la página **G1**.

DIR 2: **Los artículos especiales se deben reemplazar lo antes posible; todo tu viaje no tiene sentido sin ellos.** Ve a la página **H1**.

Lidiar con ello después de que te hayas relajado un chingo

¡Vaya, qué bien estás llevando este momento de crisis! Eres un faro de esperanza y luz para todos nosotros. Reconociste la cara del trastorno reptando hacia ti y te resististe. Secaste tus lágrimas, practicaste algo de autocuidado de emergencia y, ahora, puedes enfocarte en lidiar con esta mierda y resolver (o al menos mitigar) tu problema a tiempo para disfrutar el resto de tu viaje.

Haz un balance:

Ya sabes lo que te falta. Ahora piensa dónde estás y lo fácil o difícil que puede ser comprar o pedir equipo de reemplazo, en cualquiera que sea el tiempo que te quede para hacerlo. Pondera también lo relativo a tus otros recursos. ¿Cuánta energía deseas gastar, en realidad, corriendo por una ciudad desconocida durante toda la noche cuando es *posible* que tus maletas lleguen en el vuelo de mañana temprano? (Y si no es así, vas a necesitar toda la energía que tengas para lidiar con Rashida cuando se entere de que perdiste la playera de cumpleaños personalizada... y su regalo).

¡Evalúa tus niveles de sensibilidad! Y tus reservas de efectivo: si ya pusiste a prueba los límites de tu tarjeta American Express en los boletos de avión, es posible que no tengas mucho dinero en efectivo (o crédito) para reemplazar todos tus dispositivos electrónicos desaparecidos. Examina el daño, evalúa el potencial de recuperación y luego toma algunas decisiones sobre la marcha. Tú puedes.

¿Cuál es tu desenlace ideal realista? Elige uno:

DIR 1: **Asumiendo que tus maletas no aparecerán por su propia voluntad, quieres hacer tantas consultas como puedas, luego dormir bien y reunir la voluntad para continuar por la mañana.** Ve a la página **G2**.

DIR 2: **Los artículos especiales se deben reemplazar lo antes posible; todo tu viaje no tiene sentido sin ellos.** Ve a la página **H2**.

Lidiar con ello después de que te hayas relajado un chingo

¡Vaya, qué bien estás llevando este momento de crisis! Eres un faro de esperanza y luz para todos nosotros. Reconociste la cara del trastorno reptando hacia ti y te resististe. Canalizaste tu energía en actividades pacíficas y fructíferas, y el Síndrome del aeropuerto mexicano no consiguió reclamar a otro recluso. Ahora puedes enfocarte en lidiar con esta mierda y resolver (o al menos, mitigar) tu problema a tiempo para disfrutar el resto de tu viaje. Aunque supongo que «disfrutar» puede ser una palabra fuerte para esto; has venido para una reunión de trabajo y la mejor parte de todo esto será el coctel de camarones ilimitado en la ceremonia de premiación.

Haz un balance:

Ya sabes lo que te falta. Ahora piensa dónde estás y lo fácil o difícil que puede ser comprar o pedir equipo de reemplazo, en cualquiera que sea el tiempo que te quede para hacerlo. Asumiendo que aterrizaste en una ciudad conocida por hospedar convenciones que requieren el uso de ropa formal, probablemente no será difícil alquilar un esmoquin, pero pondera también lo relativo a tus otros recursos. ¿Cuánta energía deseas gastar, en realidad, corriendo por una ciudad desconocida durante toda la noche cuando es *posible* que tus maletas lleguen en el vuelo de mañana temprano? Y si ya pusiste a prueba los límites de tu tarjeta American Express de este mes, probablemente no deberías usarla para remplazar todos tus dispositivos electrónicos desaparecidos... a menos que estés esperando un correo de Helen, de Recursos Humanos, el lunes. Examina el daño, evalúa el potencial de recuperación y luego toma algunas decisiones sobre la marcha. Tú puedes.

¿Cuál es tu desenlace ideal realista? Elige uno:

DIR 1: **Asumiendo que tus maletas no aparecerán por su propia voluntad, quieres hacer tantas consultas como puedas, luego dormir bien y reunir la voluntad para continuar por la mañana.** Ve a la página **G3**.

DIR 2: **Los artículos especiales se deben reemplazar lo antes posible; todo tu viaje no tiene sentido sin ellos.** Ve a la página **H3**.

Lidiar con ello después de que te hayas relajado un chingo

¡Vaya, qué bien estás llevando este momento de crisis! Eres un faro de esperanza y luz para todos nosotros. Reconociste la cara del trastorno reptando hacia ti y te resististe. Te quitaste de encima tu capa de evasión y, de hecho, lograste obtener algunos avances. Quizá no todo está perdido (y aquí «todo» equivale a «tu equipaje»). Ahora puedes enfocarte en lidiar con esta mierda y resolver —o al menos mitigar— tu problema a tiempo para patearle el trasero al reverendo Paul de Pittsburgh, y a su equipo, los Holy Rollers.

Haz un balance:

Ya sabes lo que te falta. Ahora piensa dónde estás y lo fácil o difícil que puede ser comprar o pedir equipo de reemplazo, en cualquiera que sea el tiempo que te quede para hacerlo. Pondera también lo relativo a tus otros recursos. ¿Cuánta energía deseas gastar, en realidad, corriendo por ahí en busca de un par de Titanes KR Strikeforce talla 11 en lugar de guardar tus reservas para el torneo mismo? Y si ya pusiste a prueba los límites de tu tarjeta American Express en tres noches en el Econo Lodge, es posible que no tengas mucho dinero en efectivo (o crédito) para reemplazar todos tus dispositivos electrónicos desaparecidos y tus elegantes zapatos de una sola vez. Examina el daño, evalúa el potencial de recuperación y luego toma algunas decisiones sobre la marcha. Tú puedes.

¿Cuál es tu desenlace ideal realista? Elige uno:

DIR 1: **Asumiendo que tus maletas no aparecerán por su propia voluntad, quieres hacer tantas consultas como puedas, luego dormir bien y reunir la voluntad para continuar por la mañana.** Ve a la página **G4**.

DIR 2: **Los artículos especiales se deben reemplazar lo antes posible; todo tu viaje no tiene sentido sin ellos.** Ve a la página **H4**.

Lidiar con ello cuando estás TRASTORNADO POR COMPLETO (con ANSIEDAD)

Esto está resultando mucho más difícil de lo que se suponía. No solo has comenzado a entrar en pánico, sino que tu cerebro ahora está pasando por los peores escenarios, como la chica a tu lado en Flywheel, el domingo pasado, que obviamente estaba resolviendo su agresión en la vida amorosa a través de la bicicleta. No solo estás abrumado, sino PENSANDO EN EXCESO, y esta némesis será klingon para ti durante todo tu viaje. Mira, sé que fue un juego de palabras atroz, pero tú te lo buscaste.

Hora de hacer un balance:

Oh, mierda. No puedes pensar con claridad en nada de esto, ¿verdad? De hecho, has agregado unos cuantos productos de línea más a la bitácora del Capitán desde que descubriste que tus maletas no te acompañarían en Kansas City para el TrekFest. Por un lado, publicaste tus problemas en el grupo completo de Slack y ahora Cory, de Indianápolis, está buscando quedarse con tu lugar como maestro de ceremonias de las festividades de mañana, y dos, agotaste la batería de tu teléfono al hacerlo, por lo que la falta de tus cables y cargadores es ahora tan crítica como la de tus orejas de silicona.

¿Cuál es tu desenlace ideal realista?

Antes de que te trastornaras, habría sido llamar al único amigo que tienes con el tamaño adecuado de orejas, y que *no* estará en esta convención usándolas, y suplicarle que se levantara y fuera a la sucursal de FedEx más cercana para que te las enviara en el servicio nocturno. (Una vez prometiéndole a tu primogénito Tribble en agradecimiento, por supuesto). Pero ahora que has perdido un montón de FT de tiempo, Gordon está profundamente dormido y, siendo realistas, lo mejor que puedes hacer es comprar un cable nuevo, cargar tu teléfono durante la noche y manejar las consecuencias en Slack mañana mientras merodeas por Kansas en busca de arcilla y pegamento.

Ve a la página **I**.

Lidiar con ello cuando estás TRASTORNADO POR COMPLETO (TRISTEMENTE)

Esto está resultando mucho más difícil de lo que se suponía. No solo te agotaste con tanto llanto: tu maquillaje ahora es un *desastre* y no tienes tu kit de tocador. Incluso si tuvieras ganas de salir esta noche, luces como Robert Smith después de un partido de tenis en un clima caluroso. Y, por supuesto, eso es motivo para seguir sufriendo. ¿Por qué esta mierda siempre te pasa A TI? ¿Cómo es que Brenda y Traci nunca pierden SU equipaje?

Para colmo, la batería de tu teléfono se agotó mientras publicabas una ráfaga de memes vagos y tristes destinados a generar preocupación entre tus amigos de Facebook y ahora ni siquiera puedes ver quién comentó. Dios, esto es tan deprimente.

Hora de hacer balance:

Uf. *Nunca* podrás reemplazar el INCREÍBLE regalo de cumpleaños que habías preparado para Rashida con tan poco tiempo de antelación. (El anillo vibrador Je Joue Mio era para ella, por supuesto). En este punto, lo único que quieres hacer es acostarte en la cama y dormir durante todo este arruinado fin de semana. Excepto que —*oh, nooooo*—, acabas de recordar que estás en

South Beach y tus pijamas favoritos están perdidos en algún lugar del Triángulo de las Bermudas.

¿Cuál es tu desenlace ideal realista?

Antes de que te trastornaras, habría sido recuperar tu maleta a toda costa; o al menos presionar a Southwest para obtener un boleto gratis, y aparte de eso, ¡comenzar a comprar! Pero ahora que has desperdiciado tantos fondos del trastorno sollozando, lloriqueando y Face-vagando, lo mejor que puedes esperar es llamar deprimida para dar la bienvenida a las bebidas y esperar que alguna de las chicas pueda prestarte un atuendo para mañana. *Si* mañana tienes ganas de levantarte de la cama, claro.

Ve a la página **N**.

Lidiar con ello cuando estás TRASTORNADO POR COMPLETO (ENOJADO)

Carajo, maldita sea. Resulta que los comentarios brutales y los gestos groseros no ganan amigos ni influyen en las personas de seguridad en el aeropuerto. Por fortuna, no terminaste arrestado, pero tu presión arterial se está disparando, tu mente está acelerada y estás a-s-í-de-c-e-r-c-a de convertirte en enemigo de por vida de la línea de ayuda de servicio al cliente de United.

Además, te comiste con furia una Big Mac y manchaste de mostaza amarilla la única camisa que tienes en este momento. Buena jugada, Mr. Hyde.

Hora de hacer un balance:

Toda esta situación se complicó mucho más cuando decidiste ceder a tu ira. Ahora tienes que lidiar con mierdas urgentes, tienes que hacer control de daños respecto a ese video de YouTube, agregar otra camisa de vestir a tu lista de compras y apenas puedes ver bien, de lo agitado que estás. (También puedes pensar en cómo le explicarás el video a Helen de Recursos Humanos cuando la veas en el banquete de premiación de mañana. Ya tiene 300 000 visitas y sigue aumentando).

¿Cuál es tu desenlace ideal realista?

Antes de que desperdiciaras todo ese tiempo, energía, dinero y benevolencia mancillando tanto tu camisa como tu reputación, tu DIR habría sido llegar al hotel, conectarte al Centro de Negocios, tantear algunas cosas sobre lo que necesitas reemplazar, y relajarte con Will Ferrell en Pago por evento. Sin embargo, siendo realistas, lo mejor que puedes esperar por ahora es que no te despidan por conducta impropia de un gerente de ventas regional y (si aún estás invitado al banquete) obtener un esmoquin de alquiler que no huela a queso.

Ve a la página **S**.

Lidiar con ello cuando estás TRASTORNADO POR COMPLETO (a través de la EVASIÓN)

Me temo que el resultado final de sucumbir al modo avestruz es que NUNCA, NUNCA LIDIAS CON ELLO. Lo siento, se acabó el juego. Mejor suerte la próxima vez.

Sin embargo, si decides cambiar de opinión y seguir mi consejo de relajarte un chingo *antes* de intentar lidiar con la mierda, te recomiendo que vayas a la página **W** o **X**.

También te recomiendo volver a leer este libro, de cabo a rabo, porque —y lo digo con amor— no creo que hayas prestado mucha atención la primera vez.

Para elegir una aventura diferente, vuelve a la página **237**.

O salta directo al epílogo en la página **303**.

DIR 1: Asumiendo que tus maletas no aparecerán por su propia voluntad, quieres hacer tantas consultas como puedas, luego dormir bien y reunir la voluntad para continuar por la mañana

Triaje y abordaje:

El elemento más urgente es que te comuniques con un ser humano en la aerolínea —idealmente, uno en cada una de tus ciudades de salida y llegada—, para presentar tu queja y preguntar si hay otros seres humanos que puedan rastrear tus maletas y encontrar la manera de hacértelas llegar. Sería mucho mejor reunirte con tus orejas Spock personalizadas que tener que sondear Kansas en busca de un nuevo par.

Si la batería de tu teléfono está baja, mueve para arriba «comprar un nuevo cargador de teléfono» en la lista. Si todavía estás en el aeropuerto, esto debería ser fácil. Si no lograste relajarte un chingo hasta que ya estabas fuera de allí, está bien... solo pídele a tu taxista que se desvíe a la tienda más cercana y págale para que espere 15 minutos mientras realizas una versión personal de *Supermarket Sweep*, tomando lo esencial de los estantes.

Si estás conduciendo un auto alquilado o un amigo pasó por ti al aeropuerto, este paso es todavía más sencillo. Tendrás un poco más de tiempo y es posible que también puedas reemplazar algunos otros artículos perdidos, tantos como tus FT de energía y dinero lo permitan. Además, tu hotel quizá tenga artículos de tocador de cortesía; usa tu tiempo / energía / dinero para obtener las cosas que solo están disponibles en la tienda.

Y si la única tienda cercana es el 7-Eleven de una gasolinera, inténtalo, es casi seguro que el cajero adolescente esté cargando su teléfono detrás del mostrador y podría estar dispuesto a venderte su cable con un margen de beneficio. (Si venden barritas Snickers, cómprate una. La necesitas).

¡Y ahí lo tienes!

Sucedió una mierda, pero te relajaste un chingo, hiciste un balance de la situación, determinaste tu desenlace ideal realista y aplicaste un triaje a los elementos, y al hacerlo, te preparaste para el mejor de los escenarios en esta debacle de la maleta del peor de los casos. Ganar, ganar, cena de BBQ en Kansas City.

Para elegir una aventura diferente, vuelve a la página **237**.

O salta directo al epílogo en la página **303**.

DIR 1: Asumiendo que tus maletas no aparecerán por su propia voluntad, quieres hacer tantas consultas como puedas, luego dormir bien y reunir la voluntad para continuar por la mañana

Triaje y abordaje:

El elemento más urgente es que te comuniques con un ser humano en la aerolínea —idealmente, uno en cada una de tus ciudades de salida y llegada—, para presentar tu queja y preguntar si hay otros seres humanos que puedan rastrear tus maletas y encontrar la manera de hacértelas llegar. La vida será MUCHO más fácil si Rashida ni siquiera se entera nunca lo cerca que estuviste de arruinar su sesión de fotos de cumpleaños.

Si la batería de tu teléfono está baja, mueve para arriba «comprar un nuevo cargador de teléfono» en la lista. Si todavía estás en el aeropuerto, esto debería ser fácil. Si no lograste relajarte un chingo hasta que ya estabas fuera de allí, está bien... solo pídele a tu taxista que se desvíe a la tienda más cercana y págale para que espere 15 minutos mientras realizas una versión personal de *Supermarket Sweep*, tomando lo esencial de los estantes.

Si estás conduciendo un auto alquilado o una amiga pasó por ti al aeropuerto, este paso es todavía más sencillo. Tendrás un poco más de tiempo y es posible que también puedas reemplazar algunos otros artículos perdidos, tantos como tus FT de energía y dinero lo permitan. Además, tu hotel quizá tenga artículos de tocador de cortesía; usa tu tiempo / energía / dinero para obtener las cosas que solo están disponibles en la tienda.

Y si la única tienda cercana es el 7-Eleven de una gasolinera, inténtalo, es casi seguro que el cajero adolescente esté cargando su teléfono detrás del mostrador y podría estar dispuesto a venderte su cable con un margen de beneficio. (Si venden barritas Snickers, cómprate una. La necesitas).

¡Y ahí lo tienes!

Sucedió una mierda, pero te relajaste un chingo, hiciste un balance de la situación, determinaste tu desenlace ideal realista y aplicaste un triaje a los elementos, y al hacerlo, te preparaste para el mejor de los escenarios en esta debacle de la maleta del peor de los casos. Ganar, ganar, cubas libres en la cena.

Para elegir una aventura diferente, vuelve a la página **237**.

O salta directo al epílogo en la página **303**.

DIR 1: Asumiendo que tus maletas no aparecerán por su propia voluntad, quieres hacer tantas consultas como puedas, luego dormir bien y reunir la voluntad para continuar por la mañana

Triaje y abordaje:

El elemento más urgente es que te comuniques con un ser humano en la aerolínea —idealmente, uno en cada una de tus ciudades de salida y llegada—, para presentar tu queja y preguntar si hay otros seres humanos que puedan rastrear tus maletas y encontrar la manera de hacértelas llegar.

Si la batería de tu teléfono está baja, mueve para arriba «comprar un nuevo cargador de teléfono» en la lista. Si todavía estás en el aeropuerto, esto debería ser fácil. Si no lograste relajarte un chingo hasta que ya estabas fuera de allí, está bien... solo pídele a tu taxista que se desvíe a la tienda más cercana y págale para que espere 15 minutos mientras realizas una versión personal de *Supermarket Sweep*, tomando lo esencial de los estantes.

(PD: No olvides la ropa interior; si terminas teniendo que usar un esmoquin alquilado, no tienes idea de quién rozó su entrepierna dentro de esa cosa).

Si estás conduciendo un auto alquilado o un amigo pasó por ti al aeropuerto, este paso es todavía más sencillo. Tendrás un poco más de tiempo y es posible que también puedas reemplazar algunos otros artículos perdidos, tantos como tus FT de energía y dinero lo permitan. Además, tu hotel quizá tenga artículos de tocador de cortesía; usa tu tiempo / energía / dinero para obtener las cosas que solo están disponibles en la tienda.

Por último, usa tu teléfono recargado para llamar a tu esposa y preguntarle si conoce la talla de tu saco, porque de seguro tú no lo sabes.

¡Y ahí lo tienes!

Sucedió una mierda, pero te relajaste un chingo, hiciste un balance de la situación, determinaste tu desenlace ideal realista y aplicaste un triaje a los elementos, y al hacerlo, te preparaste para el mejor de los escenarios en esta debacle de la maleta del peor de los casos. Ganar, ganar, cena de servicio a la habitación.

Para elegir una aventura diferente, vuelve a la página **237**.

O salta directo al epílogo en la página **303**.

DIR 1: Asumiendo que tus maletas no aparecerán por su propia voluntad, quieres hacer tantas consultas como puedas, luego dormir bien y reunir la voluntad para continuar por la mañana

Triaje y abordaje:

El elemento más urgente es que te comuniques con un ser humano en la aerolínea —idealmente, uno en cada una de tus ciudades de salida y llegada—, para presentar tu queja y preguntar si hay otros seres humanos que puedan rastrear tus maletas y encontrar la manera de hacértelas llegar.

Si la batería de tu teléfono está baja, mueve para arriba «comprar un nuevo cargador de teléfono» en la lista. Si todavía estás en el aeropuerto, esto debería ser fácil. Si no lograste relajarte un chingo hasta que ya estabas fuera de allí, está bien... solo pídele a tu taxista que se desvíe a la tienda más cercana y págale para que espere 15 minutos mientras realizas una versión personal de *Supermarket Sweep*, tomando lo esencial de los estantes.

Si estás conduciendo un auto alquilado o un amigo pasó por ti al aeropuerto, este paso es todavía más sencillo. Tendrás un poco más de tiempo y es posible que también puedas reemplazar algunos otros artículos perdidos, tantos como tus FT de energía y dinero lo permitan. No contaría con que el Econo Lodge tenga artículos de tocador de cortesía, así que no olvides la pasta de dientes y el desodorante.

Y, por más rural que sea, si esta ciudad es sede de las Regionales del Noreste, quizá cuenten con una zapatería de boliche decente. Búscala en Google ahora y pasa por allí mañana a primera hora. (Y asegúrate de tomar unos calcetines limpios en la tienda; no es necesario que agregues el pie de atleta a tu lista de cosas con las que lidiar).

¡Y ahí lo tienes!

Sucedió una mierda, pero te relajaste un chingo, hiciste un balance de la situación, determinaste tu desenlace ideal realista y aplicaste un triaje a los elementos, y al hacerlo, te preparaste para el mejor de los escenarios en esta debacle de la maleta del peor de los casos. Ganar, ganar, cena de bistec con queso.

Para elegir una aventura diferente, vuelve a la página **237**.

O salta directo al epílogo en la página **303**.

DIR 2: Los artículos especiales se deben reemplazar lo antes posible; todo tu viaje no tiene sentido sin ellos

Triaje y abordaje:

No confías para nada en que la aerolínea solucione esto de manera oportuna, por lo que en lugar de perder valiosas horas (y la duración de la batería) al teléfono con Servicio al cliente, haz una lista de los artículos reemplazables más urgentes de tu maleta y un plan para adquirirlos.

Por ejemplo:

Los cargadores primero: buena suerte para orientarte sin la aplicación oficial de la convención. Estarás a la deriva por Bartle Hall como uno de los neutrinos de Wesley Crusher.

Orejas de Spock: lo mejor que puedes hacer es conectarte al canal TrekFest Slack y preguntar si alguien trajo algunas de repuesto (para lo cual necesitas estar conectado a internet y, por lo tanto, un teléfono o a una computadora portátil cargada).

Aromatizante: por fortuna, usaste tu uniforme azul de la Federación en el avión, pero le vendría bien refrescarse un poco antes de que te lo vuelvas a poner mañana.

Es una lástima lo de tu pijama favorita y esa foto de tu gato, pero puedes dormir desnudo y, ahora que tu teléfono está cargado, usar el FaceTime con el cuidador de gatos para que saludes al Presidente Miau en cuanto te despiertes mañana. Solo cúbrete bien con las sábanas; el presidente no necesita ver todo eso.

¡Felicidades!

Sucedió una mierda, pero te relajaste un chingo, hiciste un balance de la situación, determinaste tu desenlace ideal realista y aplicaste un triaje a los elementos, y al hacerlo, te preparaste para el mejor de los escenarios en esta debacle de la maleta del peor de los casos. Larga vida y prosperidad.

Para elegir una aventura diferente, vuelve a la página **237**.

O salta directo al epílogo en la página **303**.

DIR 2: Los artículos especiales se deben reemplazar lo antes posible; todo tu viaje no tiene sentido sin ellos

Triaje y abordaje:

No confías para nada en que la aerolínea solucione esto de manera oportuna, por lo que en lugar de perder valiosas horas (y la duración de la batería) al teléfono con Servicio al cliente, haz una lista de los artículos reemplazables más urgentes de tu maleta y un plan para adquirirlos.

Por ejemplo:

Los cargadores primero: toda esta debacle básicamente existe para ser narrada en las historias de Instagram.

El regalo de cumpleaños de Rashida: ya vas a tener los suficientes problemas por haber perdido la playera de la fiesta; todos van a pensar que inventaste toda esa historia del «equipaje perdido» solo para no usarla, lo cual, ahora que lo pienso... Bueno, como sea, NO PUEDES aparecer con las manos vacías. El anillo vibrador Je Joue Mio era para ella, por cierto, así que esa es una razón más para poner en funcionamiento tu teléfono inteligente: tendrás que encontrar la sex shop más cercana y conseguir un Uber para que te lleve ahí.

Siguiente parada, centro comercial: como mínimo, necesitas un vestido de fiesta y un par de zapatos; las Uggs que usaste en el vuelo no te servirán. Dependiendo de cuánto te cueste eso y el regalo de reemplazo, puedes intentar comprar un bikini barato y un vestido de verano para pasar el fin de semana. El hotel tendrá artículos de tocador, pero no olvides comprar protector solar. El cuidado de la piel es importante.

Es una lástima lo de tu pijama; esa camisa de 24 años fue la relación más larga y fiel que has tenido. Oh, bueno, con tu nuevo vestido y tu ajuste de actitud, tal vez este fin de semana conozcas a otro joven de 24 años que pueda distraerte.

¡Felicidades!

Pasó una mierda, pero te relajaste un chingo, hiciste un balance de la situación, determinaste tu desenlace ideal realista y aplicaste un triaje a los elementos, y al hacerlo, te preparaste para el mejor de los escenarios en esta debacle de la maleta del peor de los casos. ¡Yo invito las margaritas!

Para elegir una aventura diferente, vuelve a la página **237**.

O salta directo al epílogo en la página **303**.

DIR 2: Los artículos especiales se deben reemplazar lo antes posible; todo tu viaje no tiene sentido sin ellos

Triaje y abordaje:

No confías para nada en que la aerolínea solucione esto de manera oportuna, por lo que en lugar de perder valiosas horas (y la duración de la batería) al teléfono con Servicio al cliente, haz una lista de los artículos reemplazables más urgentes de tu maleta y un plan para adquirirlos.

Por ejemplo:

Los cargadores primero: no es solo tu teléfono, el cable de tu computadora portátil también estaba en esa maleta, y si no la pones en funcionamiento pronto, tu jefe se encargará de que seas el asunto a tratar de este viaje de negocios.

Artículo especial núm. 1: si no puedes encontrar una espantosa estatua de Lucite de reemplazo, ¿qué vas a ver en el escritorio de Helen durante tu extremadamente incómoda entrevista de salida?

Artículo especial núm. 2: suponiendo que consigas proveer el premio, tendrás que llevarlo a la cena de gala en el salón de baile A, para lo cual necesitas un esmoquin temporal y todos los accesorios.

Tristemente, la increíble corbata de moño con copas de martini y las mancuernillas de aceituna que empacaste han desaparecido, por lo que tendrás que conformarte con los accesorios estándar de alquiler. Por el lado positivo, esto hará que te resulte más fácil mezclarte con la multitud mientras ahogas tus penas por la maleta perdida en un coctel de camarones ilimitado.

¡Felicidades!

Sucedió una mierda, pero te relajaste un chingo, hiciste un balance de la situación, determinaste tu desenlace ideal realista y aplicaste un triaje a los elementos, y al hacerlo, te preparaste para el mejor de los escenarios en esta debacle de la maleta del peor de los casos. Helen de Recursos Humanos estaría orgullosa.

Para elegir una aventura diferente, vuelve a la página **237**.

O salta directo al epílogo en la página **303**.

DIR 2: Los artículos especiales se deben reemplazar lo antes posible; todo tu viaje no tiene sentido sin ellos

Triaje y abordaje:

No confías para nada en que la aerolínea solucione esto de manera oportuna, por lo que en lugar de perder valiosas horas (y la duración de la batería) al teléfono con servicio al cliente, haz una lista de los artículos reemplazables más urgentes de tu maleta y un plan para adquirirlos.

Por ejemplo:

Los cargadores primero: estarás aun más indefenso si intentas deambular por las zonas rurales de Pensilvania sin Google Maps.

Zapatos de boliche: es poco probable que encuentres otro par de la buena suerte tan leal como el que empacaste, pero va en contra de las reglas de la liga de jugar boliche descalzo, y no vas a dejar tu destino como el Rey del Boliche a merced de un par alquilado.

La mascota del equipo: Chuza, la serpiente de cascabel disecada, se les ha unido en todos los torneos, y fue tu turno de empacarla. (Ahora que lo pienso, es posible que las autoridades del aeropuerto hayan confiscado tu maleta justo por esta razón). Para ser honesta, es poco probable que resuelvas este problema, pero al menos ya no estás tratando de fingir que nunca sucedió. Chuza merece algo mejor que eso.

Todavía te falta tu pijama favorita, pero si ganas este fin de semana, el dinero del premio cubrirá con creces un nuevo conjunto de ropa de dormir inspirada en The Dude.[38]

¡Felicidades!

Sucedió una mierda, pero te relajaste un chingo, hiciste un balance de la situación, determinaste tu desenlace ideal realista y aplicaste un triaje a los elementos, y al hacerlo, te preparaste para el mejor de los escenarios en esta debacle de la maleta del peor de los casos. ¿No se siente bien seguir adelante?

Para elegir una aventura diferente, vuelve a la página **237**.

O salta directo al epílogo en la página **303**.

[38] N. de la T.: el personaje de la famosa película de los hermanos Coen, *El gran Lebowski*.

DIR 3: Arcilla y pegamento

Ni la desesperación ni los polímeros de silicona le dan un buen aspecto a nadie. Quizá sea el momento de admitir la derrota, ceder tus deberes como maestro de ceremonias a Cory, de Indianápolis, y concentrar tus fondos de trastorno, cada vez más escasos, en dormir bien esta noche. Por lo menos deseas estar bien descansado para la competencia de baile de la Sala de Hologramas del domingo.

Ah, y si decides que quieres seguir mi consejo y relajarte un chingo *antes* de intentar lidiar con la mierda la próxima vez, por favor, no dudes en volver a las páginas **B** o **C**.

Como dijo una vez un sabio Vulcano, el cambio es el proceso esencial de toda existencia.

Para elegir una aventura diferente, vuelve a la página **237**.

O salta directo al epílogo en la página **303**.

J

Elegiste 😟 TRISTEZA

Lo sé, esto es un verdadero golpe, especialmente después de que pasaste dos horas viendo *Un camino a casa* en el avión. La gente podría pensar que estás sollozando en el mostrador de reclamo de equipaje debido a esa escena final, pero en realidad es porque las lágrimas son la reacción a la que recurres cuando ocurre una mierda. Está bien. Todos tenemos nuestras historias; algunas incluyen más mocos que otras.

Entonces, ¿qué había exactamente en tu maleta, cuya pérdida ha provocado que se abra el grifo de agua? Entre otras cosas, esa camiseta de «Estuve en los 40 de Rashida y lo único que obtuve fue la perimenopausia» será difícil de reemplazar. ¿Y tu pijama favorito? Siento que se acerca otra sesión de sollozos. Y apoyo por completo una charla rápida con los cachorros emocionales, pero si tienes alguna esperanza de salvar este viaje (y tal vez reunirte con tu Samsonite), ahora necesitas llevarlos a la jaula y relajarte un chingo.

Pe-pe-pe-pero ¿c-cómo?

Necesitamos reiniciar tu estado de ánimo. Elige una de las técnicas de autocuidado de la página 36 **TK** y ve adónde te lleva.

La risa es la mejor medicina. Ve a la página **K**.

Te vas a dar un gusto. Ve a la página **133**.

Nah, solo me voy a revolcar. Como quieras. Ve a la página **M**.

K

Elegiste «La risa es la mejor medicina»

A primera vista, no hay nada gracioso en el apuro en el que te encuentras —y nada más alejado de mi persona que tomar a la ligera tu situación en un esfuerzo por animarte—, pero... ¿podría ser un *poquito* divertido pensar en la expresión del ajustador de seguros cuando tenga que buscar en Google un «Je Joue Mio» para aprobar tu reclamación?

Cuando te diste cuenta de que el carrusel de equipaje estaba vacío, tu mente saltó de inmediato a esa playera de Hard Rock Daytona Beach, talla XXL, con la que has estado durmiendo desde 1994. Seguro que sentiste un pequeño nudo en la garganta. Pero sugiero profundizar un poco más y recordar la historia *detrás* de la camiseta. ESO podría poner una sonrisa en tu rostro.

Ahora, respira hondo. Conéctate al wifi del aeropuerto. Ve a YouTube y busca lo siguiente:

«Hey cat. Hey».

«Alan, Alan, Alan».

«Dogs: 1 Nash: 0».

(Si ninguno de ellos te ayudó, me rindo. Estás muerta por dentro).

Muy bien, ¿te sientes un poco mejor? ¿Al menos dejaste de llorar? Bueno. Pasitos pequeños. Ahora, ¿te gustaría darle una oportunidad a ese otro mecanismo de afrontamiento para ayudarte a relajarte todavía más, o tan solo pasar directamente a lidiar con ello?

Quizá no estaría de más estar todavía más relajada. Ve a la página **L**.

Siento que puedo lidiar con ello ahora. Ve a la página **E2**.

Elegiste «te vas a dar un gusto»

Esta también sería mi opción. No sé qué tiene el estrés o la tristeza que me dan ganas de participar en tremendas comidas, bebidas y compras emocionales, pero ahí lo tienen, fanáticos de
los deportes: si voy a salir del aeropuerto sin mi maleta, TAMBIÉN
saldrán conmigo tres rollos de canela, una novedosa copa y la
última edición de *Us Weekly*.

Además, hay peores lugares para pasar el rato durante una
hora mientras el representante de Southwest «vuelve a revisar
los carritos de equipaje» que un bar / restaurante del aeropuerto que sirva alcohol, postre y postre con alcohol. Un Brownie
Sundae impregnado con Baileys nunca le ha hecho daño a nadie. Si eres abstemia, o si las golosinas saladas son lo tuyo, sé de
buena fuente que, en cualquier momento, un aeropuerto contiene más combos de pretzels con queso cheddar de los que eres
capaz de comer. ¡Huele a desafío!

Y piénsalo de esta manera: por un lado, si tu maleta no se ma-
terializa, serás la mujer que no encaja en la fiesta de cumpleaños
de Rashida. Pero, por otro, tienes una excusa para comprar un
atuendo sexy de reemplazo, y mientras todas las demás estarán
usando sus playeras de perimenopausia, tú serás, como sostiene
Robin Thicke, «la perra más sexy de este lugar».

¿Ya estás sonriendo? Espero que sí. Pero si deseas tener una
muestra de autocuidado adicional, hay más de dónde vino esto...
o puedes pasar directamente a lidiar con ello. Tú eliges.

Me siento mejor, pero todavía me vendría bien reír. Ve a la página **K**.

¡Estoy lista para lidiar con ello! Ve a la página **E2**.

Decidiste REVOLCARTE...

¿Lo escuchaste? Creo que fue un trombón de notas tristes. Esto no es un buen augurio para tus vacaciones.

Te arrastraste por la línea de taxis, hiciste la danza «¡Ay de mí!» hasta tu habitación de hotel y estás considerando omitir las bebidas de bienvenida de Rashida para sentarte en tu cama y llorar frente al minibar, esperando que te llamen de Southwest. En este momento, estás más enfocada en sentir pena por ti que en disfrutar del fin de semana de chicas en el que gastaste una buena cantidad de dinero (sin mencionar que fuiste a que te depilaran). Te diría que salgas de eso, pero sellaste tu destino cuando pasaste a esta página.

¿Estamos todas de acuerdo en que esta no es forma de volar? ¿Estás *segura* de que no te gustaría ver lo que está sucediendo en el lado opuesto?

Sé cuándo estoy vencida. Dame un poco de esa mierda de «la risa es la mejor medicina». Tiene que ser mejor que esto. Palabra. Ve a la página **K**.

Sí, me gustaría probar darme un gusto. No te arrepentirás. Ve a la página **L**.

No, soy una mártir de la causa. Es hora de lidiar con ello. Ve a la página **F2**.

DIR 3: Llamaste deprimida para recibir bebidas y esperas que una de las chicas pueda prestarte un atuendo para mañana

Bueno, eso es simplemente triste. Si ibas a permitir que algo como el equipaje perdido te hundiera de tal manera en la depresión, no estoy segura de que alguna vez hayas tenido la oportunidad de luchar. Si en algún momento te cansas de terminar llorando con tanta facilidad y deseas relajarte un chingo *antes* de intentar lidiar con la mierda —y luego, ya sabes, lidiar con ella— humildemente te dirijo a las páginas **K** o **L**.

O —¡y esta es una idea novedosa!— es posible que desees volver a leer todo el libro. Un pequeño curso de actualización nunca hace daño a nadie.

Para elegir una aventura diferente, vuelve a la página **237**.

O salta directo al epílogo en la página **303**.

O

Elegiste 😠 ENOJO

Bájale al fuego, Hulk Hogan. Sé que estás molesto, pero lanzar tu carrito de equipaje [vacío] contra una pared no te hará ganar puntos con los de seguridad en el aeropuerto.

¿Qué había exactamente en tu maleta que valga la escena que estás a punto de montar en el mostrador de información de United? ¿En verdad estás así de alterado por un esmoquin para una ceremonia de premios en un viaje de trabajo? Ah, ¿o es porque estabas a cargo de transportar el premio a la Trayectoria Profesional para Helen de Recursos Humanos a esta reunión anual de accionistas y ahora necesitas una estatua fea de Lucite de reemplazo para las 5:00 p. m. del jueves?

Ya entiendo. Esto es una mierda. Fuiste literalmente el primero en abordar el vuelo. ¿Cómo diablos perdieron tu maleta *y solo* tu maleta? No lo sé. Pero sí sé esto: tienes que relajarte un chingo.

¿Ah, sí? ¿Y cómo demonios se supone que voy a hacer eso?

Bueno, tienes un par de opciones, y ya describí las dos en la página **176** de este mismo libro. Elige una.

Ejercítalo. Ve a la página **P**. (Y tal vez podrías hacer algunos estiramientos primero).

Tramar tu venganza. Ve a la página **Q**.

En realidad, he estado buscando una excusa para golpear una pared. Como quieras. Ve a la página **R**.

¡Decidiste ejercitarlo!

Buena elección. Y aunque la Terminal B de LaGuardia tal vez no sea el lugar más adecuado para dar una maroma desnudo, hay infinitos pasillos espaciosos en los que podrías brincar y saltar para relajarte un chingo.

O podrías intentar caminar en la dirección opuesta en una de esas cintas transportadoras. Es posible que tus compañeros de viaje te vean mal, pero a estas alturas, tienen suerte de no recibir algo peor de tu parte. Además del esfuerzo físico, esta actividad requiere concentración y coordinación, dos cosas más que tienen un mejor empleo al servicio de relajarte que si las diriges desde tu puño hasta la cara del representante de United, que es totalmente inocente, pero lo suficientemente desafortunado como para estar de servicio esta noche.

Ahora, con la carga restante de tu teléfono (por qué no empacaste tus cargadores en el equipaje de mano, nunca lo entenderé, pero nos ocuparemos de eso más adelante), ¿puedo sugerirte que ubiques el baño más cercano, te encierres en un cubículo y completes una aplicación de meditación de diez minutos antes de continuar con la noche?

Ya casi estás ahí. Los jugos de la ira han salido de tu cuerpo a través de la transpiración o de la respiración profunda, y te sientes bastante relajado, considerando todo. ¿Querrías tramar también una venganza o tan solo pasar directamente a lidiar con ello?

Oooh, tramar mi venganza suena divertido. Y así es. Ve a la página **Q**.

Nop, estoy listo para quitarme el curita. ¡Vayamos a lidiar con ello! Ve a la página **E3**.

Decidiste tramar tu venganza

Excelente. [Pon los dedos como el Dr. Malito].

Todavía estás realmente muy enojado, pero reconoces que ponerte en plena cara de cualquiera —al menos directamente— tal vez no resulte útil y podría impedir tu objetivo final de recuperar tus cosas y/o salir de este aeropuerto sin ser esposado. Entonces, una vez que logres salir del Aeropuerto LaGuardia sin un cargo de agresión grave, ¿de qué manera podrías dirigir tu venganza? (Hipotéticamente, por supuesto.) No puedes estar seguro de quién cometió el error con tu maleta, pero eso no importa en una hipótesis. Supongamos que fue el tipo en el mostrador de documentación cuyo cerebro se quedó congelado y envió tus cosas a Newark en lugar de a Nueva York. Tú podrías:

Averiguar la dirección de su casa y registrarlo para una suscripción de por vida a la revista *Girls and Corpses*.[39]*

o

Hacer que le entreguen una réplica exacta de tu maleta en la puerta de su casa, pero en lugar de tus cosas, está llena de brillantina. Y una turbina eólica de control remoto.

---

[39] http://www.girlsandcorpses.com/

Eso fue divertido, ¿no es así? Ahora es el momento de tener una conversación relajada con la agente de servicio al pasajero, entregar tus datos en caso de que puedan ubicar y entregar tus cosas a tiempo para que te sean de alguna utilidad, y formarte en la fila para conseguir un taxi.

A menos que también quisieras probar «Ejercítalo», en caso de que te convenga más. ¿O vamos directamente a lidiar con ello?

Todavía estoy un poco molesto, para ser honesto. Intentemos ejercitarlo. Ve a la página **P**.

¡Estoy listo para lidiar con ello! Ir a la página **E3**.

R
___

Oh, oh... decidiste EMPEORARLO

Aunque no llegaste a ser lanzado a la cárcel del aeropuerto (por un reducido margen), no te comportaste de la misma manera en que llegaste a ser miembro Platinum Rewards, eso es seguro. Gimoteaste, hiciste comentarios sarcásticos, dijiste: «Esto tiene que ser una broma» alrededor de quince veces, cada vez más fuerte que la anterior, y luego exigiste hablar con un supervisor. Una solicitud para llevar tu queja por la cadena de mando no es en sí misma una idea terrible, pero tú (y físicamente me duele escribir esto) precediste esa súplica con las palabras: «¿Por los cielos amistosos de quién debo volar para encontrar a alguien que sí sepa qué hacer por aquí, Caroline?» e hiciste, mmm, un *gesto muy grosero* hacia la agente de servicio al pasajero.

Además, el niño de nueve años de enfrente estaba grabando un video. Te vas a volver viral en... oh, espera, ya sucedió. Tu jefe, tu esposa y tu propio hijo de nueve años verán exactamente lo que has estado haciendo desde que aterrizaste. ¿Y Caroline? Ella «localizará» tu maleta perdida en el almacén de la basura detrás del patio de comidas de MexiJoe. Buena suerte para eliminar el olor a comino de tu esmoquin.

Ahora, ¿estás seguro de que no te gustaría ver qué pasa en el lado opuesto?

SÍ, SÍ. TAL VEZ DEBERÍA INTENTAR «EJERCITARLO». Ve a la página **P**.

Conspirar cortés y silenciosamente mi venganza es un mejor uso de mi tiempo y energía. Lo veo ahora. Ve a la página **Q**.

A la mierda. Llévame directamente a lidiar con ello. De acuerdo. Ve a la página **F3**.

Intentar no ser despedido ni oler a queso

Triaje y abordaje:

¿Recuerdas cuando la vida era más simple y no ponías en riesgo tu trabajo ni tu reputación por ventilar tus frustraciones con una agente de servicio al pasajero perfectamente agradable llamada Caroline, quien solo estaba siguiendo el protocolo de Equipaje perdido / Cliente enojado? Qué días aquellos.

Además: acabo de ver el video en YouTube. Las cosas no se ven bien para ti, amigo. Es posible que desees guardar tus centavos del alquiler de ese esmoquin; los necesitarás para complementar tus beneficios de desempleo.

La próxima vez, si decides que quieres seguir mi consejo y relajarte un chingo antes de tratar de lidiar con la mierda, dale una oportunidad a la página **P** o **Q**. (O tal vez simplemente debas regresar al principio del libro y comenzarlo de nuevo. Sí, tal vez eso sea lo mejor).

Para elegir una aventura diferente, vuelve a la página **237**.

O salta directamente al epílogo en la página **303**.

Elegiste  EVASIÓN

(TAMBIÉN CONOCIDA COMO MODO AVESTRUZ)

Tentador. Muy tentador. Si eliges cerrar los ojos y fingir que esto no está sucediendo, tal vez se resuelva solo... tal como este tipo de cosas NUNCA se resuelven. Esa es la razón por la que has decidido que tu mejor defensa no es para nada la ofensiva, y esa es la colina en la que estás preparado para morir / enterrar la cabeza. Está bien.

Y sé que ya has dejado de escuchar, pero ¿podemos hablar un segundo sobre lo que había en tu maleta? Tus cargadores y cables, la mascota del equipo que tú estabas cuidando y tus zapatos de boliche de la suerte para los campeonatos de la Liga Regional del Noreste no se reemplazarán solos, y la evasión no resolverá el misterio del equipaje perdido ni te ayudará a defender tu liderazgo en la liga que ganaste siendo especialmente precavido en las semifinales del año pasado.

Necesitas calmarte, joder.

Me rehúso a participar en nada de esta mierda. ¿Eso cuenta como estar relajado?

Ya hemos repasado esto. La evasión sigue siendo una forma de trastorno, y *tendrás* que lidiar con todo ello en algún momento.

Por ahora, ¿puedo al menos convencerte de que elijas un mejor mecanismo de afrontamiento y veas adónde te lleva?

Alarmarme. Ve a la página **U**.

Proponer un intercambio. Ve a la página **V**.

Estaré por aquí, con la cabeza en la arena. Bien. Así sea. Ve a la página **W**.

Decidiste «alarmarte»

Tu instinto inicial fue tratar esta debacle como el *establishment* republicano trató a Donald Trump en las primarias de 2016: tan solo ignorarla y esperar que desaparezca. Y todos sabemos cómo terminó eso. GRACIAS, CHICOS. En su lugar, debes *actuar*. Incluso si es solo un pequeño paso adelante, es mejor que quedarse quieto mientras un hombre-niño pito flojo destruye el mundo. O, ya sabes, mientras tus zapatos de boliche de la suerte son desviados a Tampa.

Tal vez recuerdes mi consejo en la página **296** sobre cómo una forma segura de entrar en acción es mediante un ruido incesante. Como tal, aquí hay algunas ideas para sacar la cabeza de la arena y volver al juego:

Establece una fecha límite. Tómate, digamos, veinte minutos para fingir que esto no está sucediendo. Pon una alarma en tu reloj o teléfono y, cuando suene, entra en acción como uno de los perros de Pavlov. ¡Llévate al mostrador de ayuda!

O marca al Econo Lodge ahora mismo y solicita una llamada del servicio de alarma a las 7:00 a. m. Rápido, antes de que puedas pensar demasiado en ello. Puedes pasar las horas intermedias en una feliz ignorancia, pero cuando el teléfono comience a chirriar, esa es tu señal para seguir adelante.

Habla contigo mismo. No debes confundirlo con sollozar de manera incontrolada o gritarles a los empleados de la aerolínea; un mantra de volumen medio puede hacer maravillas por tu mentalidad. Resiste la tentación de retroceder hacia tu interior y repite después de mí (en voz alta): PUEDO LIDIAR CON ESTA MIERDA. LIDIARÉ CON ESTA MIERDA.

Bueno, ¿lo viste? Es posible que todavía tengas algo de vida en ti. ¿Querrías probar mi consejo de «proponer un intercambio» también, o tan solo ir directamente a lidiar con ello?

¿Sabes qué? Creo que me vendría bien un poco más de motivación. Ve a la página **V**.

¡Estoy totalmente listo para lidiar con ello! Ve a la página **E4**.

V

Decidiste «proponer un intercambio»

Te conozco y sé que esta última tormenta de mierda no es lo único en tu lista de cosas-a-evadir en estos días. Entonces, ¿qué tal si hacemos un trato? Si asumes la realidad y caminas hacia la agente de servicio al pasajero para comenzar el tortuoso proceso de HABLAR CON OTRO SER HUMANO con la esperanza de rastrear tu maleta y recibirla en el Econo Lodge de manera oportuna (de modo que puedas evadir tener que evadir OTRAS ACTIVIDADES EXTREMADAMENTE ENERVANTES, como «comprar zapatos de boliche nuevos»), por la presente te otorgo permiso para continuar evadiendo cualquiera de las siguientes:

Investigar qué son esos ruidos de arañazos que provienen de detrás de la pared de la cocina.

Abrir esa tarjeta de tu ex. Puede que no sea un anuncio de nacimiento. (Definitivamente, es un anuncio de nacimiento).

Hacer una cita para una endodoncia.

Confirmar tu asistencia al Concurso de Chili de Steve. (La famosa receta de Steve es menos «chili» y más «batido de salchicha»).

¿Qué dices? Charlar con el Servicio de Atención al Cliente de Delta parece prácticamente agradable en comparación con algunas de esas otras tareas, ¿eh? Así que vamos, pon un pie delante del otro y vamos a hablar con un tipo acerca de una maleta, ¿de acuerdo? (Entonces, tal vez cuando regreses de las Regionales, será el momento de decepcionar a Steve con suavidad mientras evades desempacar dicha maleta).

Pero no quiero apresurarte. ¿Te gustaría intentar «alarmarte», solo para ver de qué se trata? ¿O ir directamente a lidiar con ello?

Si probar otro mecanismo de afrontamiento significa que puedo evadir lidiar con ello por un poco más de tiempo, inscríbeme. Parece justo. Ve a la página **U**.

No, ¿sabes qué? ¡Estoy totalmente listo para lidiar con ello! Ve a la página **E4**.

W

Elegiste no hacer absolutamente nada

Razón por la cual justo ahora te preguntas qué diablos se supone que harás en Doylestown, Pensilvania, durante los próximos cuatro días si no puedes competir en las Regionales porque no tienes ganas de salir y comprar zapatos de boliche nuevos (y ciertamente, no quieres usar unos alquilados como si fueras un aficionado), pero tampoco tienes el valor de volver a reservar tu vuelo de regreso a casa antes.

En realidad, tal vez ni siquiera te estés preguntando nada de eso... todavía. Eres del tipo que espera a que la tormenta de mierda se detenga directamente sobre su cabeza y deposite su diluvio metafórico antes de siquiera pensar en alcanzar un paraguas metafórico.

Déjame decirte cómo creo que va a ocurrir esto. (Estoy haciendo un gran esfuerzo para no ser criticona, pero hemos recorrido un largo camino juntos y odio verte volviendo a tus hábitos de modo avestruz). Creo que te vas a quedar dormido en esta cama de hotel llena de bultos y te despertarás mañana con un teléfono celular muerto y sin cepillo de dientes. *Espero* que uno de esos desenlaces te obligue a tomar medidas y al menos comprar una minibotella de enjuague bucal en la tiendita del vestíbulo. Si venden cargadores de teléfono, mucho mejor: ¡te encanta el camino de menor resistencia! Pero estás en el Econo Lodge, así que no te hagas ilusiones. Si no los tienen, vas a seguir evitando lidiar con cualquier parte de este espectáculo de mierda y perderás cuatro días comiendo lo mejor que la máquina expendedora tenga para ofrecer antes de que puedas ir a casa para seguir fingiendo que nunca sucedió; o uno de tus compañeros de equipo notará que no has estado respondiendo a sus insultantes mensajes de texto, vendrá a buscarte, te prestará unos calcetines limpios y te arrastrará físicamente a Barry's House por zapatos de boliche. Tal vez no tengas remedio cuando se trata de lidiar con la mierda, pero eres una máquina de chuzas. El equipo te necesita.

No importa cómo se desarrolle, todavía no recuperas tu equipaje porque renunciaste por completo a eso, lo que significa que tus zapatos de la suerte, tu pijama favorito y la mascota del equipo (larga historia) están perdidos en las mismas arenas del tiempo bajo las cuales enterraste tu cabeza durante cuatro días. ¿Estás seguro de que no te gustaría ver lo que pasa en el lado opuesto?

Pensándolo bien, sí. Me interesa «alarmarme». Ve a la página **U**.

Estoy dispuesto a «proponer un intercambio». Ve a la página **V**.

Los niveles de agallas están peligrosamente bajos. Mejor tan solo iré directamente a lidiar con ello. Ve a la página **F4**.

Epílogo

Me alegra mucho ver que llegaste hasta el final de *Relájate un chingo*. ¡Salud! De veras espero que te hayas divertido eligiendo tus propias aventuras, porque esa sección fue muy difícil de armar.

También espero que te vayas con una serie de métodos prácticos y procesables con los que convertirte en una versión más relajada y productiva de ti mismo cuando la mierda suceda.

Porque sucederá. OH, SÍ. La mierda sucederá tanto predecible como impredeciblemente, cada vez con el potencial de echar abajo tu día, tu mes o tu vida. Como, por ejemplo, cuando debes entregar el primer borrador de tu libro en una semana y te rompes la mano con un gato.

Sí. **Un gato.**

De hecho, este epílogo iba en una dirección totalmente diferente hasta el momento en que me encontré en cuclillas sobre el Señor Stussy —uno de mis dos salvajes gatitos rescatados, apodados cariñosamente #trashcatsofavenidaitalia[40] en Instagram—, lista para sorprenderlo con una toalla de papel empapada en aceite de coco orgánico.

Está lleno de costras. Solo intento ayudar.

Desafortunadamente, justo cuando descendí con las manos extendidas, Señor Stussy se asustó. Y en lugar de huir de mí como suele hacer cuando intento medicarlo, se lanzó hacia arriba y hacia atrás en mis dedos extendidos.

¡Crunch!

Me han pedido muchas veces desde ese fatídico día que aclare, tanto en inglés como en español, la física que explica cómo un gato se las arregla para romper una mano humana. Yo misma no estoy segura de haberlo entendido por completo, aunque me dijeron que Mercurio estaba en retrógrado, lo que pudo haber sido un factor. Lo más cerca que puedo llegar a describir lo que sucedió es que fue como si alguien hubiera arrojado un ladrillo grande y peludo tan fuerte como pudo, a corta distancia y exactamente en el ángulo incorrecto, y anotó un golpe directo en mi quinto metacarpiano.

Y recuerda, antes de conocerlo, Señor Stussy había sobrevivido durante mucho tiempo a base de basura y charcos de barro. El amigo es un hijo de puta huesudo.

Me quedé momentáneamente aturdida por el dolor, y luego por el entendimiento profundo y visceral de que terminar este libro estaba a punto de convertirse en una tarea mucho más difícil. Los dígitos a la izquierda en mi mano, por fortuna, no dominante, estaban —y creo que este es el término técnico— jodiiiiiidos.

---

[40] N. de la T.: «Gatos de la basura de la avenida Italia».

¿Te gustaría saber cómo reaccioné?

Primero, le dije a mi esposo: «Necesito ir a alterarme un poco por esto». Entonces subí las escaleras y lloré, tanto de dolor como de consternación. Mis cachorros emocionales estaban en modo lucha. Después comencé a sentirme un poco ansiosa, así que me di una ducha. Enfocarme en lavarme y enjabonarme sin hacer más daño a mi mano palpitante me proporcionó una buena distracción y, cuando terminé, ya no estaba triste / ansiosa.

Estaba *enojada*.

Sí, para aquellos de ustedes que llevan un registro en casa, así es como se rompió mi racha de «en verdad, yo no me enojo». Por un maldito GATO, con quien no he sido más que AMABLE y SOLÍCITA, y que me pagó con AGRESIÓN Y GATERÍAS.

Durante el resto de la noche, caminé por la casa murmurando: «Estoy muy *enojada* con Señor Stussy», como Richard Gere cuando estaba muy enojado con su padre en *Mujer bonita*. Imaginé que me vengaba de él —visualiza el desafío de la cubeta de hielo de la asociación ELA con aceite de coco— y eso me dio algo de tiempo y espacio para recordar que Tim Stussert (como a veces lo llamo) es solo un maldito gato de la basura que no quiere que le frote aceite de coco en sus costras. No fue su culpa.

Suspiro.

Al hacer un balance de mi situación, me di cuenta de que además de terminar de escribir este libro, debía solucionar la fiesta del cumpleaños de mi esposo en el barco; filmar un *takeover* para las historias de Instagram de Urban Outfitters; programar un corte de cabello *antes* del *takeover* de las historias de Instagram de Urban Outfitters, y luego se suponía que debía hacer las maletas para un viaje de tres semanas a Estados Unidos.

Si comenzaste a contar a partir de ese repugnante ¡crunch!, necesitaba hacer todo eso en 13 días. Mmm.

A esas alturas, todavía no sabía que mi mano estaba rota. Pensé que era un esguince grave y que no valía la pena pasar incontables horas en todo eso que tiene lugar en una sala de «urgencias» en este pueblo, cuando disponía de tan poco tiempo para terminar mi trabajo. Inmediatamente después del ataque del gato, mi desenlace ideal y, en mi opinión, todavía realista, era terminar el libro a tiempo para tener seis días para ocuparme del resto de mi mierda.

Así que tomé un montón de Advil y regresé al trabajo.

Durante la semana siguiente, golpeé torpemente el último 5% del manuscrito con mi mano derecha (y tres quintas partes de la izquierda), mientras los dedos afectados se acurrucaban en una férula casera hecha con un vendaje elástico y dos tablas de esmeril. La apariencia era una especie de mezcla del Capitán Garfio y el Keyboard Cat.[41]

Había una voz ansiosa en la parte posterior de mi cabeza que decía: *¿Y si te* rompiste *algo? ¿Y si te arrepientes de no haberte atendido de inmediato?* Por supuesto que así era. Simplemente perdió frente a la otra tormenta de mierda total en el expediente.

(Por cierto, no me gustaría que me vieran como alguien que promueve actitudes displicentes hacia su salud, así que ten la seguridad de que no soy más que una GRAN cobarde. Si el dolor hubiera sido insoportable, le habría pedido a mi editor una extensión y me hubiera ido a sacar una radiografía. En ese mo-

---

[41] N. de la T.: el gato pianista, protagonista de varios videos en YouTube.

mento, en una escala de relativamente indoloro a insoportable, le di un «enfadoso»).

Pude ponerle hielo, mantenerla elevada y escribir (con la derecha), y mi esposo comenzó a relevarme en las tareas del hogar. Me perdí un par de cenas divertidas con amigos porque el último 5% del proceso de escritura estaba tomando cinco veces más de lo que se suponía, y cuando le quité la venda, mi dedo meñique tenía una desconcertante tendencia a sacudirse y moverse fuera de su lugar como James Brown en vivo en el Apollo, pero en general, las cosas parecían... estar bien.

Cuando terminé el libro, decidí que una tarde tranquila en la clínica era procedente. Fue entonces cuando descubrí que se trataba de una fractura, no un esguince. Punto para Señor Stussy.

Las siguientes seis semanas fueron desafiantes. (Tal vez recuerdes ese viaje multiestatal para el que necesitaba empacar. Puf). Pero en el camino, me relajé un chingo y lidié con ello. Es casi como si escribir este libro durante los últimos seis meses me hubiera estado preparando para esta situación, como una especie de basura de manifestación de *El Secreto*, de Rhonda Byrne, excepto que manifesté una tormenta de mierda en lugar de riquezas incalculables.

Supongo que eso es lo que obtengo por ser una antigurú.

En el lado positivo: cuando la tormenta golpeó sin previo aviso, me puse emotiva, luego encerré a los cachorros en su jaula y le mostré a la ansiedad el dedo. Tramé venganza contra el que me había hecho daño y al hacerlo liberé mi agresión de una manera que no empeoró nada. Hice un balance, identifiqué mi DIR y he estado aplicando el triaje desde entonces.

No quiero alarmarte, pero creo que podría estar tras algo aquí.

¿Recuerdas que en la introducción dije que siempre había tenido un problema para «lidiar con ello» cuando surgía la mierda inesperada? De hecho, los lectores de *Arregla tu desmadre* saben que la redacción de ese libro terminó con una nota igualmente caótica: habíamos estado viviendo de forma nómada durante meses y el Airbnb al que nos mudamos justo cuando estaba lista para dar el empujón final al manuscrito, resultó ser más un Bichobnb. Me trastorné por completo y no me relajé ni un poco. (También recurrí en gran medida al cuarto fondo, tanto del banco de mi esposo como al de los amigos con los que nos mudamos posteriormente).

Con el tiempo, me sobrepuse y lo superé —después de todo, sé cómo arreglar mi desmadre—, pero no sin perder una enorme cantidad de tiempo, energía, dinero y benevolencia en el proceso.

Mientras que si avanzamos un par de años, a raíz de una tormenta de mierda mucho más dañina (y dolorosa), parece que me volví bastante capaz de lidiar con la presión.

¡Qué casualidad!

Todavía no soy Rhonda Byrne, pero tengo un pequeño secreto para ti: no paso todo este tiempo escribiendo guías para mandar todo a la mierda solo por diversión, o para ganar dinero o mejorar tu vida (aunque todas estas son justificaciones sólidas). Lo hago porque cada libro, cada proceso de escritura y cada hora que paso charlando sobre mis ideas en el pódcast de alguien, me brindan a MÍ una oportunidad de crecimiento personal.

Estoy mandando menos y mejor que nunca todo a la mierda, y como resultado soy mucho más feliz. Al enseñarte a arreglar tu desmadre, descubrí nuevas formas de mantener el mío a raya. Y santo infierno, ¿fue justo *You Do You* el libro que necesitaba escribir para curarme de un montón de traumas y resentimientos nocivos que ni siquiera sabía que había estado cargando durante treinta años?

Pero tengo que decir que, para mí, *Relájate un chingo* va a los anales como la profecía titular más autocumplida de todas. Sé lo difícil que fue para mí manejar un caos inesperado hace solo unos años, así que también sé lo extraordinario que es haber podido llegar tan lejos entrenando para calmarme al respecto. Sí, una mudanza al trópico y un enorme cambio de paradigma cultural ayudaron a impulsar mi educación, pero le tomé el gusto como un gato salvaje a una pila de basura, y luego escribí un libro sobre eso para que tú puedas tener tu propio arranque a un precio mucho más razonable y con un olor más agradable.

Así que mi última esperanza es la siguiente: si internalizas todos mis consejos y técnicas para cambiar tu forma de pensar e implementas las lecciones que me he esforzado en impartir, te darás cuenta de que la mayoría de las cosas que te suceden —incluso no poder incluir en cco a más de cien personas en un correo electrónico del trabajo— no tienen por qué ser inductores del trastorno tan fuertes como podría haberlo parecido antes de leer este libro. Y que puedes lidiar con ello.

Quiero decir, ese es *mi* desenlace ideal realista para ti, y me siento bastante bien al respecto.

RELÁJATE UN CHINGO

Y
LIDIA
CON
ELLO

Agradecimientos

Como experta editorial durante muchos años, sé lo raro y especial que es trabajar con el mismo equipo, libro tras libro tras libro tras libro. Significa que todos nos estamos divirtiendo, disfrutando de los frutos de nuestro trabajo colectivo y que nadie ha aceptado un trabajo mejor en otro lugar. Así que en verdad espero no haberme atraído la mala suerte al decir lo agradecida que estoy de haber recibido el apoyo de Jennifer Joel en ICM Partners, Michael Szczerban en Little, Brown, y Jane Sturrock en Quercus Books desde el primer día.

Jenn: mi heroína en tacones, mi incansable campeona y la más tranquila de todos nosotros. No creo que ella necesite este libro siquiera, pero seguro que yo la necesitaba a ella para hacerlo realidad. Y así lo hizo.

Mike: el Alvin original para mi Simon, y el complemento de mis payasadas. Él ha atendido estos libros como una mamá gallina y los ha mejorado con cada picotazo y cacareo.

Y Jane, codirigiendo sin esfuerzo el barco desde el otro lado del charco. Su entusiasmo por la primera guía para mandar todo a la mierda nos ha llevado cerca de la marca del millón de copias solo en el Reino Unido, sin mencionar que me dio una excusa habitual tanto para decir como para estar «encantada».

Gracias también a sus respectivos compañeros de armas, incluidos Loni Drucker, Lindsay Samakow y Nic Vivas de ICM; Ben Allen (editor de producción y santo), Reagan Arthur, Ira Boudah, Martha Bucci, Sabrina Callahan, Nicky Guerreiro, Lauren Harms, Lauren Hesse, Brandon Kelley, Nel Malikova, Laura Mamelok, Katharine Meyers, Barbara Perris (correctora y santa), Jennifer Shaffer y Craig Young de Little, Brown; y Olivia Allen, Charlotte Fry, Ana McLaughlin, Katie Sadler y Hannah Winter de Quercus. Además: David Smith, el diseñador que proporcionó las versiones para el Reino Unido de todos los gráficos para mi nuevo sitio web, es paciente y rápido en el dibujo, dos cualidades que me encantan en una persona; Alana Kelly de Hachette Australia ha movido montañas y zonas horarias para conseguirme publicidad en su país; mis amigos de Hachette Canadá nos han ayudado a romper la lista de los más vendidos, libro tras libro; y, finalmente, gracias a Lisa Cahn de Hachette Audio y TK en Audiomedia Production.

Por supuesto, la cuarta GMTM nunca hubiera sido posible sin todos ustedes, que leyeron las entregas uno, dos y/o tres. Un gran agradecimiento para mis lectores de todo el mundo, así como para cualquiera que haya comprado una copia para otra persona como un regalo sincero o pasivo-agresivo. (¡Lo estoy mirando, Sir Anthony Hopkins!) Y gracias a las familias disfuncionales, jefes terribles, amigos desleales y acosadores matones en el patio de la escuela, que construyeron mi audiencia desde cero. Lo aprecio mucho.

Hablando de construir desde cero, también quiero agradecer a mis padres, Tom y Sandi Knight. Ni una sola vez me dijeron que me relajara un chingo, a pesar de que tal vez lo pensaban *con frecuencia*.

Incluso cuando el tema se está relajando, escribir un libro es una lucha. Las siguientes personas hicieron su parte para calmarme en mi momento de necesidad: Pépito, Sir Steven Jay Catsby, Steinbeck, Millay, FatFace, Ferris Mewler, Mittens, Marcello, Benjamin, Steve Nash (Steve), The Matterhorn (Matty), Joni, Edgar, Misko, Hammie, Mushka, Dashiell, Moxie, Gladys y [a regañadientes] Señor Stussy.

Pero hay que decir que nadie, humano o felino, hizo más para ayudar a que *Relájate un chingo* llegara a buen término que mi esposo, Judd Harris. No solo construyó mi nuevo sitio web —una empresa hercúlea en nombre de una clienta quisquillosa—, preparó mi café en todo momento y atendió mi mano rota y mi psique magullada al final, y estuvo allí durante los 19 años que precedieron a la escritura de este libro, incluyendo los mejores y peores tramos que lo inspiraron. Él es mi favorito.